U0100492

大展好書　好書大展
品嘗好書　冠群可期

大展好書　好書大展
品嘗好書　冠群可期

形意大成拳系列 8

車氏樊系

形意拳

附DVD

王銀輝　編著

大展出版社有限公司

傳　　授　　王文彬
編　　著　　王銀輝
顧　　問　　樊宜興　　陳慶生　　范敬淹
　　　　　　唐大任　　唐大凱　　楊文生
　　　　　　任松林

車毅齋、郭雲深兩位大師與部分弟子合影
中坐者，左：車毅齋，右：郭雲深。
前面執刀者樊永慶、執槍者李復貞

樊永慶先生像

樊瑞峰先生像

樊瑞峰先生與部分弟子合影
中坐者：樊瑞峰
後排左起：雷振有、王文彬、呂有全、高鴻賓、高兆奎、
　　　　　王新遠、武福全
前坐者：樊瑞峰先生之子樊宜興、女樊宜懋

王文彬先生師徒合影
中坐者：王文彬
二排左起：宋太金、李兆祿、王貴虎、曹如其
三排左起：郝登恭、賈子彪、張金山、王彥柱、王銀輝

4

樊瑞峰先生1968年與部分太原弟子合影
中坐者：樊瑞峰　前排左起：范敬淹、唐大任
後排左起：第二人陳慶生、第三人吳光喜、第五人楊模

樊瑞峰先生與唐大任、
唐大凱合影

5

樊瑞峰老師帶領天津大學武術隊到天津紡織學院表演後與
該校部分師生合影

師叔合影（2011年夏）
左起：楊文生、樊宜興、唐大任、任松林（後排）

6

前　言

　　樊家形意拳是山西榆次鳴謙鎮樊永慶先生及其子樊瑞峰傳下來的一支形意拳。樊永慶先生是太谷車毅齋先生的高足。樊瑞峰先生新中國成立前在天津設教，新中國成立後在天津大學教授武術多年。據恩師王文彬先生講，樊瑞峰師爺對形意拳的研究和掌握極為精深、全面，並且精通太極、八卦、少林等各門武術，是全能武術大師和武術教育家。

　　我的恩師——汾陽王文彬先生，1948年22歲時在天津從學於樊瑞峰師爺，主要繼承了其家傳形意拳，一生刻苦磨煉，深入領悟，其示範功夫之純、講解拳理之正，使與見與談者輒為之傾倒。

　　恩師從30餘歲起傳藝，一生有眾多的從學者和追隨者。編者不才，忝為恩師門牆，從少年到中年，透過聆聽先師的教誨和親身習練，認識到樊家形意拳是中國形意拳寶庫中的一份極為寶貴的遺產，它有著顯著的運動特色和理論特色，我們應該盡最大努力繼承下來，一代一代傳下去。

目 錄

9

11

車氏樊系形意拳

第一章 椿 功

每練拳，必先熱身，不可冷開冷收；若不然，事倍功半。練形意拳最必要的熱身運動為揉膝、壓腿、正蹲、活腰胯，其他不限。

第一節 三體勢站椿

形意拳講究「萬法出於三體勢」。形意拳的寶貴，首先在於它的三體勢椿法。由三體勢椿法訓練形成身法上的三體勢結構，再在五行拳、十二形拳中運用、強化、鞏固這種結構，最終建立起牢固的動力定型，使形意拳具備優良的健身、強身和技擊自衛功能，成為科學的武術。

三體勢結構，是形意拳的內在靈魂，而這種結構，首由三體勢站椿訓練而得，故曰，三體勢站椿是習拳者真正進入形意拳之門的總鑰匙、總開關。

忽略三體勢站椿，沒有經過嚴格訓練而得其三味，是很多人把形意拳練成花架子、偽形意拳的原因，也是很多人空虛乏味、最終放棄形意拳練習的原因。沒有深厚三體勢椿功的強大支撐，不可能建起宏偉的形意拳大廈。

三體勢不只是一個預備勢、警戒勢、對峙勢，它在身

13

體的間架結構上從後腳到前手節節鈍角相連，既具有強勁支撐力，又具有靈活變形變位能力，內蓄彈性勢能，張弓待發，懸劍欲落，使用時省心省力，是形意拳一拍打法和準一拍打法的根本基礎。

三體勢站樁以訓練身體的間架結構為主線，同時培蓄力、勢、精、氣、神。

第二節　三體勢的練法

1、立正站立，兩腳跟併攏，左腳尖朝正前，右腳尖朝右前，兩腳中心線夾角約為45°。

2、左腳向前邁出。以身高175公分為例，則兩腳跟相距約65公分，成「稍息」姿勢。

3、兩膝、胯關節鬆開彎曲，身體下蹲。軀幹中正，百會與會陰上下對成一線，胸平微含，背微後彎，虛胸實腹，臀部向前包住，成「發懶腰」狀。重心偏於後腿，體重分配為兩腿前三後七。

4、身右扭（*俯視為順時針轉，以後說到身的扭、轉、擰均準此，不另說明*），成半向前半向右的斜身式（*《李洛能拳譜》稱為陰陽身*），左手向前上抬起伸出，左食指尖在鼻尖正前與之對齊；同時，右手提至於肚臍處，右腕塌在肚臍上；兩肩同高，一齊略向胸前扣合鬆沉，兩肘下垂，兩腕向下向外塌，手掌裡扭（「*向裡*」即向中），兩手五指分開，掌心凹回，虎口撐圓，食指頂勁。

以上均不可用拙勁，要在尺寸上稍微留有餘地，並加

14

上幾分用意。前肘彎曲約135°，後肘彎曲約120°，兩手掌均是外側靠前，前手心向前、右、下（自身的「右」）（《李洛能拳譜》稱為陰陽掌），後手心向前、左、下。

身的扭轉程度：左肩、腰在前，右肩、腰在後，胯略分前後，後胯托前胯。兩胯求其正對前方，腰求斜，肩求其再斜。唐大任師叔轉述樊瑞峰師爺的話：「胯正肩斜十字腰。」張金山師兄說：「肚正胯斜。」功久時，側身幅度會自然增加，增加但仍自然，不可強求。

5、右腳、右大小腿、右膝一起向前向裡略微擰轉，左腿也略微反向擰勁，兩腿一夾，右腳跟向外側扭撐，右腳前掌向裡扭勁。右膝向裡扣勁，但不可離開小腿單獨向中移動。襠開、右膝扣、右小腿擰、右腳扭。先師初教此要領時說：「這麼一夾，勁就不一樣了。」功久時，後腳與中線的夾角會自然減小一些，減小仍自然，不可強求。右膝彎往前下擠勁，略微用意提肛。右膝右腳形向右前，而勁意向著正前。兩腹股溝往後鬆吸。前膝微彎，前腿虛撐住。兩膝關節彎曲程度：前膝大約145°，後膝大約125°。兩腳十趾抓地，腳心要空（不可用拙勁）。

6、頭正，目平視，表情自然，口閉，舌頂上齶。百會用意向上頂勁，下頜微收，豎項。

7、**呼吸：**三體勢站好後，其軀幹結構自然導致腹式呼吸為主、胸式呼吸為輔的呼吸方式，又由於此種靜力型的站樁練習中，各部肌肉做功加多，需氧量增加，呼吸自然加深。宜注意者，呼吸要自然，鼻呼吸為主，不夠時輔以張口呼吸；吸氣時意注丹田，提肛。

8、**換腿：**上述左三體勢站累了（左腳左手在前稱為左三體勢，以下不另說明），可以原地右後轉身，換站右三體勢，再累了，再左後轉身，換站左三體勢。功淺者每次練習開始時不得勁，可以換得頻一些，等到站得勁了，身變柔、關節鬆開對準能蹲到位了，就換得少一些。

9、**檢查與調整：**每次三體勢初步站好後，開始檢查、感覺全身各部（有師父幫助更好），有不正確、不得勁之處，予以改正，拙勁之處予以放鬆，散亂之處予以整飭。每次站樁較為得勁後再開步練拳，初學者一般需站20～40分鐘。

10、**三盤站法：**此指身體下蹲程度、重心高低而言。一般練中盤功夫。青壯年基礎好、體質好的，不妨練一練下盤功夫。年老體弱者可練上盤功夫。我師父王文彬55歲時講到三盤練法，做過一個下盤三體勢示範，將身站成了一個優美、緊湊的小正方形（側視），僅此一次。

附圖若干如下（圖1-1～圖1-4）：

圖1-1 　　　　　　　　圖1-2

圖1-3　　　　　　　圖1-4

第三節　王文彬先生論三體勢

熊肩猴背，鷹爪，鷹鷂眼。

虛胸實腹，背微彎，屁股包回去，百會和會陰上下對齊。就像釘鍋匠的弓形鑽一樣，中間彎，兩頭齊，左右旋轉自如。像人累了發懶腰似的。

鬆開，不要拙勁，不要皺住那股勁。

對方打過來，一吸胸一轉腰——沒了。

你師爺講八合。

以意引氣、氣沉丹田。

舌舔上齶能生津，任督二脈循環。

前手手腕一鬆，氣就過來了，冬天也不手冷。一緊，氣就斷了。

一挺胸撅屁股，什麼都沒了。

蹲下去。

豎項。

採氣。對著前面這棵樹，用意能把手與它連住。手一收，感覺把它拉過來了；一出，又把它推出去了。

師兄呂培峰轉述師言：

「養生家坐著練，其氣到腰腹而止；武術家是站著練，為求其勁全身貫通。」

第四節　三體勢錯誤練法分析

一、挺胸撅臀

此種站法與形意拳的要求大悖，站得再漂亮也沒有價值。

挺胸則胸部緊張，對敵沒有吞化勁，對自己不能形成深沉的腹式呼吸。

撅臀則上下身斷為兩截，在臀尖拐出去形成死角。後腿的支撐力到不了身手，對方對自己的壓力傳不到後腳。這種間架結構，上身發出必為漂浮的梢勁，對方一壓便會垮塌。這是一種最大的病態結構，無真傳、重表演的常有此病。

常見影視劇的武打場面，雙方開始先擺一個漂亮的虛步預備式（類似於形意拳的三體勢），及至開打，則另起爐灶變別的身法應付——這就是因為其式撅臀挺胸，本身不具備支撐、隨化、自動反應等技擊功能。

二、拙 勁

尤其是肩部的拙勁，表現為兩肩聳，或後肩聳。先師經常說：「兩肩不鬆，肩上皺著勁呢。」

肩不鬆沉則手臂吊起，與身脫節，勁在肩部斷開，腰腿之勁不能上傳臂手。

有此毛病，則在開步練拳之時，雖亦有蹬腿撐腰、丹田聚散，而總覺其勁漂浮不整，不能表現出從後腳到前手的像彈簧、又像皮鞭、又像棟樑那樣的一個整勁。出手時臂部不由得暗中努勁，形成一種比較隱蔽的拙勁和梢勁，產生不了「不加力而力自彰」的效果。

第二章　五行拳

　　五行拳是形意拳的第二大寶，是每次必練的內容。五行拳是五種科學的練功方法，具有高度的概括性、代表性和典型性。

　　先師說：「五行拳要練好了，就能變化無窮。」

第一節　劈　拳

　　初學者在剛開始的半年至一年之內，應當只練三體勢和劈拳，不可貪多。練時要掌握好節奏，兩個劈拳之間，應當有明顯的時間間隔。

一、劈拳論

　　初學者在剛開始的半年至一年之內，應當只練三體勢和劈拳，不可貪多。練時要掌握好節奏，兩個劈拳之間，應當有明顯的時間間隔。

　　劈拳是全面奠定形意拳身法、動法基礎的一個拳法，它的每一個定勢就是一個三體勢。大家都聽到過形意拳練習的三個階段：剛（明）勁、柔（暗）勁、化勁，但是據筆者本人體會，山西的形意拳師教徒，對體弱、天賦差

的，往往是從一個低級的柔勁階段開始，體壯身整以後，再接上面的剛、柔、化，而這個開始就是劈拳。

劈拳是形意拳前輩發明、形意拳所獨有的沾身縱力打法，不是常人所理解的舉手蓄勁、下落劈打。拳譜所說的「打起打落，如水之翻浪」，應當主要是指劈拳打法而言的。先師說：「打人如拍皮球，拍勁越大，反彈越高。」

先師初教我時，邊示範邊說：「形意拳就是練一個整勁，渾圓一氣。」

二、劈拳練法

1、左劈拳

（1）立正站立，兩腳跟併攏，左腳尖朝正前，右腳尖朝右前45°，垂肩頂頭收頦，胸平腹收，兩臂自然垂於體側，身向正前。目視正前方（圖2－1）。

（2）兩手臂分別以兩肩為圓心，在兩側緩緩勻速抬起，掌心向上，至略高於肩時，彎臂，掌心相對。此過程自然充分吸氣，展胸（圖2－2）。

（3）兩手臂繼續劃圓，至嘴前一尺變為兩掌心向下，手指相對，再順著胸前中線一齊下按至肚臍處變拳。與兩掌下按同時，兩膝彎曲，身體下蹲，兩膝相夾並往前擠，臀部下坐並往前包，跨裡根往後收住，腳趾抓地，腳心要空，沉肩垂肘，胸微含、背

圖2－1　　圖2－2

微圓。此過程自然呼氣（圖2-3）。

（4）軀幹以百會、會陰連線為軸，腰身右轉45°多。同時，左拳不動，右拳貼身沿胸前中線用自然勁提至頦下成拳心向上，拳鋒向前（注意，右拳上提時，右肩摘開向後沉下，不可抬起），右肘貼身下垂後拉。步不動。左拳原地不動（圖2-4）。

【要領】

以上題右拳與右轉身同步進行，加上右小閉外撐180°，構成複合運動。此動有蓄化之意，先師常說：「一撐腰，一斜身。」非久練不為功也！

（5）軀幹仍以百會、會陰連線為軸，向左大幅度轉身，撐腰調膀，成為右肩在前左肩在後的形式。此動為加速運動，膀求正，腰求斜，肩求再斜；大悠開，腰膀如磨盤，肩、背如門扇，催動右拳從嘴下在身體中縱面上向前上加速鑽出，邊鑽邊繼續外撐小臂，至終點時拳鋒（指食指第一關節外尖）與鼻同高，小指朝天（圖2-5）。

圖2-3　　　　圖2-4　　　　　　圖2-5

【要領】

①此動為右拳奮力鑽擊對方鼻面部之意。

②呼吸則右轉身提拳自然為吸，左轉身打鑽拳（即高橫拳，所謂「出手橫拳」）為呼。以上以腹式呼吸為主，呼氣時肛一提，腹肌一收。形意拳與腹式呼吸有必然聯繫，腹式呼吸是形意拳的一個有機組成部分。

③右肩在擰腰調肩的催動下前奮與右臂的螺旋自轉，久練可達完美統一，無絲毫參差妄動。若在右轉身時，右拳離身後拉，即為妄動，應避免。

(6) 身不動，補一個較快的吸氣；同時，左拳自然提起，順著右小臂裡側至右拳的後下時兩拳一齊變仰掌。

(7) 繼之，右轉身，大幅度擰腰調胯，成左肩在前右肩在後的斜身式。仍是胯求正、腰求斜、肩求再斜；大悠開，腰胯如磨盤，肩背如門扇；仍是加速運動。催動左手在身的中縱面上沿上弧線（**弓向上的弧線稱為上弧線**）先鑽再催再劈，走提、沖、抹。同時，左腳邁出，右掌沿下弧線拉回塌到肚臍處，成左三體勢（**左腳在前稱為左三體勢**）。左手提沖時朝外擰，沖抹時朝內翻。右手從掌心向外上開始邊在小臂帶動下內翻邊往回拉，到肚臍處時變為掌心向前下。如果左腳邁步較大，則邁出後右腳隨之跟進半步。最好直接成三體勢，邁步恰當，勿用跟步，以練腰之坐、塌、擰（圖2-6）。

圖2-6

【要領】

①此動為自然呼氣，腹肌一收。

②注意「提沖」時身略長（彳ㄤ）起，「沖抹」時身略坐落。此種身之起落甚微，以配合手之起落。左腳之邁，既是主動的，又是被動地由後腿的蹬勁送出去的。

2、右劈拳

分為七動：

（1）由前面的左三體勢，右掌用自然勁往前上移動，至與左肘對齊時成為掌心向左；同時左手臂原地不動，但是左掌變為掌心向右。其他各部不動。此動自然吸氣（圖2－7）。

（2）兩掌相互協調，一齊向後下拉回到肚臍處變拳塌住，意為右手抓對方手，左手抓對方肘，兩手抓對方一臂，合力捋採之（圖2－8）。

以上兩動為捋。

【要領】

①此動為加速運動，前腳蹬地，身法略吸坐，用整

圖2－7

圖2－8

勁；暗擰氣，腹一緊。

②此動易聳肩、撅臀、前傾。

(3)同前述左劈拳之第4動，唯左右相反（圖2－9）。

(4)右腳蹬地，左腳前邁約半尺遠落地，右腳緊跟上，離地約一寸高提住，成左鴛鴦樁。同時，腰身右擰，打出左鑽拳。

以上兩動為墊步。

【要領】

①各要領同前述左劈拳之第5動，唯左右相反（圖2－10）。

②左鴛鴦樁要領：左腳略外擺立定，左膝外開但向裡扣勁，臀部仍要包住，軀幹正，不可挺胸前爬。右腳裡緣緊挨左腳裡踝骨，右腳掌水平，腳尖指向正前。兩腿有夾勁。兩胯鬆、正，左右平。左膝有往左前下的擠勁，但左胯裡根往後收住。

圖2－9

圖2－10

（5）上式略定，再做此式，不可搶。身步不動，補一個較快的吸氣。同時，右拳自然提起，順著左小臂的裡側到達左拳的後下（圖2－11）。

（6）身步仍不動，兩拳一齊變為仰掌（圖2－12）。

（7）左腳蹬地，右腳貼地前邁一大步落地，同時，左轉身，大幅度擰腰調胯，催動右臂掌在身中縱面上邊自旋邊沿上弧線先鑽後劈出，食指齊鼻尖；同時，左掌邊自轉邊沿下弧線拉回至肚臍處塌住。兩手如開皮條。身步手同起同落，同動同進同止。右掌之劈與右腳之落地同時到點。

右腳一落地，左腳立即抽前半步跟上，落地支重，成右三體勢。算上墊步，整個節奏為「左──右、左」，落地聲音為「踏──踏、踏」。

兩掌相交之時，右掌在左掌上面，右掌略擰成掌心朝上，左掌已翻成掌心朝裡下。然後，左手繼續沿下弧線後拉，右手繼續沿上弧線劈出。右小臂、掌所含勁力為

圖2－11　　　　　　　圖2－12

「提、沖、抹」一氣呵成，「提」為向前上45°仰角運動，「沖」為平向前，「抹」為向前下45°俯角運動。運動路線為一多邊形的上面三條邊的內切弧，路線和勁力均不要顯露銜接的棱角，心中默念「提、沖、抹」。

「提沖」時前右小臂繼續外擰一個小角度，「沖抹」時內翻，至終點時翻成掌心向前下左的「陰陽掌」。「提沖」吸氣，「沖抹」呼氣，最後一擰（圖2-13）。

以上三動為劈。

3、左劈拳

仍是七動如前述右劈拳，唯左右相反。

4、劈拳回身

如上說明，左右劈拳交替向前打出，根據場地大小決定回身之處。這裡假定打出左劈拳時回身。

分為九動說明，由左劈拳式（如圖2-6）。

（1）、（2）：同「2、右劈拳」之「(1)、(2)」。

以上兩動為捋。

（3）前左腳以腳跟為軸裡轉135°落平；同時，身右轉90°，兩腳成倒八字（圖2-14）。

（4）右腳以腳跟支地外轉135°落平，同時，身再右轉90°，兩拳變成拳心向下，拳面相對（圖2-15）。

以上兩動為原地右後轉身。

圖2-13

此時完成轉身，成為右三體勢樁步，體重分配成為右三左七。假設轉身前是面朝東，此時轉為面朝西。

（5）、（6）：同「2、右劈拳」之「（3）、（4）」，唯左右相反，勢成時，為右鴛鴦樁（圖2－16、圖2－17）。

以上兩動為墊步。

（7）、（8）、（9）：同「2、右劈拳」之「（5）、（6）、（7）」，唯左右相反。勢成時，為左三體勢（圖2－18～圖2－20）。

圖2－14

圖2－15

圖2－16

圖2－17

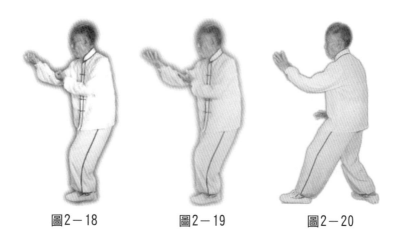

圖2-18　　　　　圖2-19　　　　　圖2-20

以上三動為劈。

若是打出右劈拳時回身，則與此左右相反。

5、劈拳收勢

(1)如上式，來回打至原起點時，回身，再打出一個劈拳，成三體勢。

(2)由此三體勢，將前手前腳同時撤回，兩腳跟併攏，身起立，兩手仰掌置於肚臍處。

(3)再兩手一齊在身體兩側勻速抬起上舉，向中彎、拐向下，按至腹部成覆掌勢。兩臂上舉時展胸腹，深長吸氣；下按時緩緩呼氣，同時身再略蹲下。

(4)再起立，兩手臂自然垂於體兩側，成立正式。結束。

三、再論劈拳

拳譜云：「把把不離鷹抓，步步不離雞腿，勢勢不離

虎撲。」劈拳第一大動之雙手捋採，即為鷹抓；第二大動
之墊步鑽（橫）拳成鴛鴦樁，即雞腿獨立之能，又即「起
手橫拳」；第三動之劈，即單手虎撲。

劈拳之步、樁法，鴛鴦樁、三體樁交替進行，前者
「立正」為「奇」，後者「稍息」為正，奇正相生，循環
不已。

劈拳步法之沖、彈、就，即拳譜所云「行步如槐
蟲」，此種槐蟲步法不可廢也。

形意拳練功必設「心理圖像」以引導之，以現時之動
作去追求理想之圖景。其圖像先有缺陷不清晰，漸至完美
清晰。

練形意拳如演默劇，無中生有，虛中求實。練至二步
暗勁功夫時尤其如此。

形意拳出手是拳從口出（鑽拳）、拳從心出（崩
拳）、拳從腮出（馬形拳），長拳出手是拳從腰出。散打
出手是拳從肩出。

劈拳練法中，其手一張一抓，腳趾一抓一鬆。

腹式呼吸為主，胸式呼吸為輔，不是純粹的腹式呼
吸，呼吸既要深沉，又要舒暢。胸以平展為主，略含，不
可以凹胸為是。

四、劈拳用法示例

1、先化後打

設乙用直拳或擺拳向甲胸面部擊來，甲扭身移步，以
兩手掌敷於乙臂外側肘、腕部並隨勢捋採引化。

若乙向後爭奪，力圖維持其自身平衡，則甲隨其後爭，上步用前小臂卡住乙之脖頸、臂裡死角，對準乙之身體豎中線（側中），提、沖、抹三勁一氣呵成，自身整體在前手領導下節節前催，走一個上弧線，將乙擊出，使之騰跌（圖2－21～圖2－23）。

拳經云：「起亦打，落亦打，打起打落，如水之翻浪，是起落也。」

圖2－21　　　　　　　圖2－22

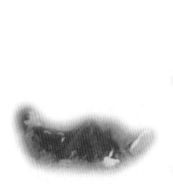

圖2－23

【要領】

①上步時，前腳落於對方前腳外側，自然封閉其退路，不須專門勾掛。若前腳落於對方前腳裡側，也可借身法步法將對方提起打出，因勢制宜可也。

②對方被提起的標誌為身體後仰、前腳離地，這叫「拔根」。提勁主要表現為一種摩擦力，用前小臂至手，摩擦對方胸頸面部，使之重心上升，身體後仰。

③覺對方後仰至極（重心的正投影落在其支撐面後邊界上）時，再整體向前下劈（抹），這樣使對方跌勢猛烈。

④右手前劈與左手回拉，其勁為一，用腰腿聯絡，擰腰調膀，打出「來復」勁。

⑤提、沖、抹要一氣呵成，用意不用力。

⑥前臂「提、沖」外旋，「沖、抹」內旋，協同其他動作固定對方身體，不使滑脫走化。

2、鑽 劈

甲、乙對峙。甲或於乙出現呆像時，或於乙微動欲擊我時，渾身齊到，突發鑽拳擊乙面部，若乙顧不住則為實取，若乙托架撥壓，則為虛驚引手。設一擊而中，則在乙被拱起而後仰未倒時，再上步，用後手劈擊乙胸面部，以重跌之。

設乙托架撥壓，則甲在一接觸時，突然翻掌採持乙手，或將己手突然撤回，催動另手將乙劈出。此乃「來復勁」之功能也（圖2-24、圖2-25）。

【要領】

①注意兩手以腰聯絡，兩動為一。

②注意進身。

3、橫劈拳

設乙以直拳擊甲胸部，沖勢猛烈，甲速斜身，一手顧住乙手並自然順其勁抓捋，另一手以掌橫擊乙面（捌），使乙整體扭住勁。繼之，手不離位，再反方向橫劈之（圖2−26、圖2−27）。

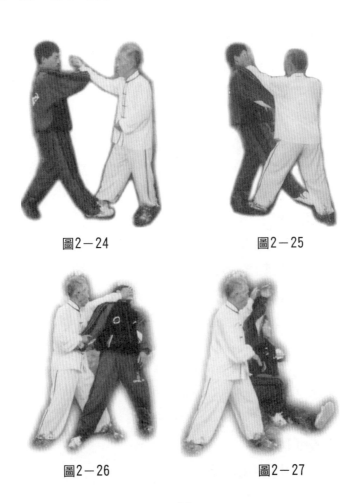

圖2−24　　　　　　　圖2−25

圖2−26　　　　　　　圖2−27

4、蓋掌

甲、乙對峙，乙突然用拳擊甲胸腹部，甲在乙進攻的同時，與之同動，吸胸、擰腰、上步，一手顧，另一手用蓋掌擊乙面部，或用塌掌擊乙胸（圖2－28）。

圖2－28

【要領】

顧手要順遂，要隨化隨向乙力偏重的方向略加力：甲↘↓乙。

此例所示之顧打合一、一拍打法，是形意拳最根本戰法之一，非自身整體練成「一個勁」不能。遇敵進攻，隨其攻勢變形變位，與敵構成我中有敵、敵中有我的矛盾統一體，就像兩個陰陽魚合成之太極圖。此種戰術，也可稱之為「率然戰術」，《孫子兵法》中說「故善用兵者，譬如率然。率然者，常山之蛇也。擊其首則尾至，擊其尾則首至，擊其中則首尾俱至。」

我師父王文彬在我初學階段，教我以「蓋掌」用法，重重地洩露了形意拳的「天機」。他說：「如果先顧後打，那人家的第二拳、第三拳又到了。」後來又一次，我師父令我用鑽拳打他，我出右鑽拳，他左手側托我右肘，右掌擊我胸，右腿蹬我脛，三點一齊到位，其理一也。

5、熊肘、鷹抓、虎撲子

設乙衝上來抱甲或雙拳齊出擊甲，甲視乙中間開門，

在乙已迫近，拳不能展開的情況下，敵進我進，進步鑽身以肘擊乙心窩。這時，乙因受擊或為緩衝而胸部凹回，頭面部向前突出接近甲，甲不失時機，落手掌擊乙面。趁乙後仰不穩，甲再上後步，用另一手將乙劈出（圖2－29、圖2－30）。

6、單劈拳

設乙以崩拳或劈拳擊甲，或抓甲。甲單臂接之，吸胸轉腰坐身，將乙勁引進落空，使之前傾欲跌，以己之豎對彼之橫，繼之單掌一抖，將乙擊出。

【要領】

①此為先化後打，雖有化打，因是同側一手為之，不需換身，故為走近路。

②注意化打為多半個平圓，必須用整勁，以腰帶動，回手鷹抓，出手虎撲，發時腿蹬、腰擰、丹田催，意注對方後腳跟，整體一抖。因為手之運行軌跡，好像在水平面內畫了一個對號「√」，故我稱之為「對號打法」。

圖2－29

圖2－30

第二節 崩 拳

一、論崩拳

崩拳的練法，其表面形式十分簡單，而其內含勁意極為高古，有似冷兵器時代的中平槍法。老前輩郭雲深先生曾享有「半步崩拳打遍天下」之美名。初學崩拳時，我師王文彬先生告：「打拳如禦敵。」

師兄張金山精於崩拳發力之道，其勁如子彈出膛，威力極大。他說，槍管口小裡寬，並有半圈來福螺紋，子彈是在火藥催動下硬擠出來的，且在來福線的導引下猛烈旋轉著飛出去。2007年正月見時，金山師兄為我示範，其身如門板，能像我師一樣，「哼」一下，180°大調身。

二、崩拳練法

1、立正起勢

立正起勢同劈拳。原地打出左劈拳，成左三體勢。

由上述左三體勢，兩手握拳成螺絲形。前左拳與奶平，左腕略上挺，拳面向前下傾斜，拳鋒向前（拳鋒即食指根關節突出處），拳心向右，拳眼向前上（拳眼即虎口處），左拳鋒在左小臂的中線上，垂肘，拳向前用意頂勁；右拳塌在肚臍處，拳心向上，右肘有下垂後拉之勁。

兩拳用身對拉，就像張弓待射似的。兩肩都要鬆開、下沉。

關於拳的鬆緊程度，我師兄張金山說：「拳緊則生氣。」孫祿堂先生在《形意拳學》中說：「拳要緊緊握好。」但我師王文彬先生沒強調緊握，他的要求是「自然。」本人體會，一般應以鬆緊適當為宜，以主練腿腰身勁，久練勁充之後，若能將拳緊握而不生拙勁，則有特殊的鍛鍊效果。

2、右崩拳

(1)較快吸氣一口（自然而深，略提肛）。

(2)隨著呼氣右後腳蹬地催身前進，左前腳儘量貼地前邁。前左腳一落地，後右腳立跟上來，右腳前掌裡側置於左腳掌裡窩，略呈倒八字形。兩腳腳趾抓地，腳心要空，重心主要在後右腳。左右膝略分前後相夾。同時，大幅度擰腰調膀，成右肩在前、左肩在後的斜身式，催動後右拳從肚臍出發，貼著左小臂，經過左拳眼上，邊內轉邊向前打出；右臂似直不直、似曲不曲，小臂水平，右拳拳心向左，腕略上挺，拳面向前下傾斜，拳眼向前上，拳鋒向前，在小臂中線上；同時，左拳邊外旋邊拉回至肚臍處塌住，拳心向上。兩拳前後對成一條線，用腿、腰、身、意氣相聯，互爭互催，一推一挽，如開弓，如扯橡皮筋。樊瑞峰師爺說：「擰腰調膀，勁示來復。」視線略低於水平（圖2-31、圖2-32）。

【要領】

注意胯正、肩斜、十字腰。拳走中線，螺旋出入。腰要塌而不軟，挺而不提。臀要包住，不可撅，頭要以意上頂。右腳在蹬地、刨地推動身體前進的過程中，腳、膝要

圖2-31　　　　　　　　　圖2-32

維持住向前裡的扣勁不懈，右膝還要有向前下的擠勁，右
胯裡根還要收住不可向前挺出。左腳離地寸許，向前平鏟
而出，尚濟先生說：「像推土機似的。」

3、左崩拳

（1）吸氣預備。

（2）隨著呼氣，左腳再進，右腳再蹬，左拳打出，右
拳抽回。一切要領同前。兩拳在腕部上下相交、相銼而
過，兩小臂自轉先慢後快。兩拳相交時，基本上還是左拳
拳心向上，右拳拳心向左，此後加速自轉，左前奮，右後
挽，各達其位。出手如鋼銼，回手如鉤杆；出手為虎撲
勁，回手為鷹抓勁（圖2-33、圖2-34）。

以下再如此左、右交替，向前打去，意罩周身，尤其
要意罩腿、腰、背、肩，身如門板，大悠開。

4、崩拳回身

崩拳回身，也叫「狸貓倒上樹」，為手攫足踏之法。

打出右手崩拳後再回身，由右崩拳定勢。

圖2-33　　　　　　　　　　圖2-34

（1）**轉身**：左前腳抬起，裡扣約135°，落於轉身前自身的右前，即轉身後自身的左後；同時，右後轉身180°。隨轉身，右臂橫掃置於轉身後的身前，臂撐圓，左拳仍在肚臍處。兩腳成倒八字，重心主要在左腿（圖2-35）。

（2）**踢腿鑽拳**：接上式，左腳獨立，右腳外橫著向前蹬出。同時，右拳向前上打出鑽拳（圖2-36）。

【要領】

注意略擰腰送肩以助鑽蹬。

圖2-35　　　　　　　　　　圖2-36

（3）**交叉步劈**：右腳仍外橫著落地。同時，右拳變掌走下弧線，邊內翻邊拉回至肚臍處塌住；左拳同時變掌邊內翻邊向前劈出（圖2－37）。

【要領】

注意右擰身。兩肩要平，不可後高前低。右腳儘量全腳掌著地，左腳跟欠起，左膝頂在右膝窩，成坐盤交叉步。

5、右崩拳

由上面的坐盤交叉步劈拳式，重心略前移，然後右腳蹬，左腳邁，右腳再跟，身進，擰腰調膀。右掌變拳前奮，左掌變拳回挽，中線螺旋相交出入，打出右崩拳。

以下再左、右崩拳交替往回打。

6、崩拳收勢

如上往來打回到原起點處，打出右崩拳，回身狸貓倒上樹，再打出右崩拳後，接退步十字崩拳。

（1）重心略移向前左腳，後右腳後撤半步外橫落地（圖2－38）。

（2）重心略移向後右腳，右腳向前蹬地，縮身後撤，左腳抽回至右腳後成交叉步，左膝頂在右膝彎。在左腳抽回的同時，右拳後拉，右擰身，打出左崩拳。定勢時重心偏於後左腳，身略高起（圖2－39）。拳經云：「進步低，退步高。」又云：「進亦打，退亦打。」

【要領】

注意兩拳要有爭奪之勁。

（3）再右腳撤至與左腳齊，兩腳跟併攏，左腳朝正

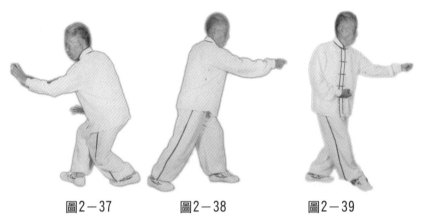

圖2-37　　　　　圖2-38　　　　　圖2-39

前，右腳朝右前，身起立。同時，兩拳變仰掌置於肚臍處。

（4）再兩手臂同時從身體兩側緩緩抬起，吸氣，至高於肩時，拐向裡，掌心相對，再同時沿胸前中線緩緩覆掌按下至肚臍處。同時，身略下蹲，呼氣。

第三節　鑽　拳

一、鑽拳練法

1、立正起勢，打出左劈拳，成左三體勢。

2、右鑽拳

（1）墊步：由左三體勢，右腳蹬地，左腳前邁半尺遠，外擺40°落地；左腳一落地，右腳立即跟上成左鴛鴦椿。與邁左腳同時，左掌一邊外擰至掌心朝外上，一邊向前上伸出，高齊鼻，左臂微彎，肘裡合；身再右擰一點，

右掌同時變拳，仍覆塌在肚臍處
（圖2－40）。

　　(2) **鑽**：左腳蹬地，右腳向前
大邁一步落地，左腳再跟半步，成
右三體勢椿步。同時，左掌邊內翻
抓握成拳邊回拉至肚臍處，拳心向
下，塌住。右拳邊外擰邊向前上鑽
出，至終點時小指朝天，拳鋒在鼻
正前方（圖2－41）。

圖2－40

【要領】

　　兩拳交叉之時，左拳在下、右拳在上，兩拳背似挨非
挨，不可相離太遠，致失爭奪之勁。兩拳分開時，似乎對
拉一根皮筋，用腿、腰、身開之。

3、左鑽拳

　　(1)墊步，成右鴛鴦椿。同時，右拳變掌（圖2－42）。

　　(2)左腳向前大邁一步，右腳先蹬後跟，成左三體勢

圖2－41

圖2－42

圖2-43

椿步。同時,打出左鑽拳(圖2-43)。

【要領】

兩手對擰,來復勁,擺動力。

4、鑽拳回身

打出左右鑽拳均可回身,這裡以打出右鑽拳時回身為例說明。由右鑽拳定勢(圖2-44)。

(1)前右腳腳尖抬起,以腳跟支地為支點,向左後扭扣落實;同時,身左後轉,兩腳成倒八字。同時,前右拳曲肘隨轉身挽回,覆置於身前。頭隨身轉。左拳仍在肚臍處未動。

(2)右腳蹬地,左腳前邁順落(轉身後的「前」),右腳略跟。打出左鑽拳,右拳覆置於肚臍處塌住。重心主要在右腳,成左三體勢椿步(圖2-45)。

(3)再墊左步成左鴛鴦椿。

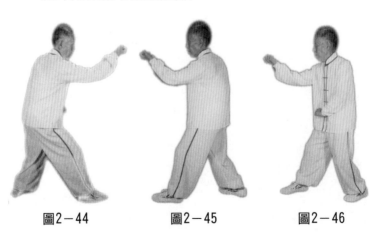

圖2-44   圖2-45   圖2-46

（4）再進步打出右鑽拳，成右三體勢樁步（圖2－46）。

5、鑽拳收勢

如上來回，打回到起點處時，打出左鑽拳，回身成右鑽拳，再墊步打出左鑽拳。然後撤回左手左腳，立正收勢。

二、鑽拳用法

鑽拳特點是拳從口出，拳路刁，拳勁整，無預動。意動拳出，腿蹬腰擰，有隙就鑽，窄身而進。方向向前上，催敵用省力槓桿。其勁路為從後腳到前拳尖一條豎線，與拳擊之上勾拳、長拳之沖天炮頗不同也。

敵若張牙舞爪、開門而進，或有預動之時，則我不招不架，抬腿進步，單手一鑽可矣。

若敵正面中門中線進攻，則我頭身左右略擺讓避；同時步仍直進，一手從對方臂隙鑽擊，另一手輕扶對方來手，即成「炮鑽」。

設敵我小臂相交之時，我突然翻手挦採，催動另一手鑽敵頭面。——此「來復勁」之能也。

第四節　炮　拳

1、立正起勢

（1）立正，兩腳跟併攏，左腳尖朝前，右腳尖朝右前約45°。

（2）兩手臂在身體兩側一起徐徐環繞如前，至在身前下按時，身下蹲。同時，右腳向右前40°墊一步成右鴛鴦椿。兩手成覆拳塌至肚臍處。眼視正前（圖2－47）。

2、左腳右手炮拳

（1）原地右鴛鴦椿不動，身略右擰，左拳從肚臍處邊外旋邊用自然勁向前上鑽出，停於鼻正前。略同左鑽拳，肘垂裏，不要有向左的橫勁，不要牽動呼吸使緊張；右拳同時自然擰提，至於左肘後下，垂肘；兩肩鬆開下沉，兩拳小指朝天。中正，包臀，塌腰，擠膝，收胯，頂頭收頦，目仍視正前（圖2－48）。

（2）由右鴛鴦椿，右腳蹬地，催動左腳向左前40°方向大進一步，重心要壓住。同時，左擰身，大幅度擰腰調膀，帶動左拳及左小臂在自己臉前從右往左掃過。左小臂邊掃邊內旋，左拳至左側的耳前眼後位置時成拳心向左，拳背貼鬢，拳尖向前上停住，體會左小臂接住對方來手後，頂托、旋帶、順化掉對方來力的拳意；同時，右拳從

圖2－47

圖2－48

原來左肘後的位置，向著左前與進步方向完全一致的方向，沿中線螺旋打出；如崩拳。此時，成為右肩左腳在前、左肩右腳在後的拗步斜身式（圖2-49、圖2-49正面）。

【要領】

①全身鬆開，尤其是兩肩鬆開，右拳尖、左腳尖與鼻尖要在同一豎直平面內，即三尖相照，此是形意拳豎勁之理。

②兩拳臂互相聯絡，完全以腰為共同支點。腰至兩拳，就像倒立著的一架圓規。由蹬腿、擰腰、調膀、擤氣、收腹、提肛而打成左架化右沖擊之勢，全身一個勁。兩拳臂不要離身自動，自動就是妄動。兩臂如一臂，這是「通臂」功夫。

③右膝向裡扣夾，右腳向裡扣扭。眼看右拳尖，收頦豎項。左腳一落地時，右腳跟進半步，仍是三體勢結構，但步距略小於劈、鑽拳。

圖2-49　　　　　　　圖2-49正面

④左小臂及拳掃過面部時，略走上弧線，要掃過整個頭面部。左肘略有向前下的擠勁，以防止聳左肩。身要中正自主，不可向左倚靠。

3、右腳左手炮拳

接下來的炮拳均有四動組成：(1)(2)墊步挎手；(3)(4)炮拳。

老拳譜稱為挎手炮拳。

(1)兩拳自然前伸變掌，右掌在前上，左掌在後下，左掌位於右肘裡側，掌心均向裡（圖2-50）。

(2)右腳蹬地，左腳向左前40°方向墊一步成左鴛鴦樁；同時，雙手合力邊走下弧線挎採邊抓握成拳至肚臍處塌住。仍是右肩在前、左肩在後的斜身式。眼視正前。掌前伸時吸氣，挎時呼氣（圖2-51）。

(3)原地左鴛鴦樁不動，身略左擰，右拳從肚臍處邊外旋邊用自然勁向前上鑽出，停於鼻正前，略同右鑽拳（實是橫拳，「起手橫拳」）。肘垂裹，不要有向右的橫勁，

圖2-50

圖2-51

不要牽動呼吸使緊張；左拳同時自然擰提，置於右肘後下，垂肘；兩肩鬆開下沉，兩拳小指朝天。中正，包臀，塌腰，擠膝，收胯，頂頭收頦，目仍視正前（圖2－52）。

（4）由左鴛鴦樁，左腳蹬地，催動右腳向右前40°方向大進一步，重心要壓住。同時，右擰身，大幅度擰腰調胯，帶動右拳及右小臂在自己臉前從左往右掃過，右小臂邊掃邊內旋，右拳至右側的耳前眼後位置時成拳心向右，拳背貼鬢，拳尖向前上停住。

體會右小臂接住對方來手（「出手橫拳」）後，頂托、旋帶、順化掉對方來力的拳意；同時，左拳從原來右肘後的位置，向著右前與進步方向完全一致的方向，沿中線螺旋打出如崩拳。此時，成為左肩右腳在前、右肩左腳在後的拗步斜身式（圖2－53）。

【要領】

①全身鬆開，尤其是兩肩鬆開，左拳尖、右腳尖與鼻尖要在同一豎直平面內，即三尖相照，成豎勁結構。

圖2－52

圖2－53

②兩拳臂互相聯絡，完全以腰為共同支點。腰至兩拳，就像倒立著的一架圓規。透過蹬腿、擰腰、調肩、擤氣收腹、提肛而打成右架化左沖擊之勢，全身一個勁。兩拳臂不要離身自動，兩臂如一臂。

③左膝向裡扣夾，左腳向裡扣扭。眼看左拳尖，收頦豎項。右腳一落地時，左腳跟進半步，仍是三體勢結構，但步距小於劈、鑽。

④右小臂及拳掃過面部時略走上弧線，右肘略向前下擠勁。身要中正自主，不可向右倚靠。

以下再如此左、右交替，向前打去，走「之」字形折線：①向右前墊步出中線；②再向左前打回中線；③向左前墊步出中線；④再向右前打回中線……走偏門，「避開正中擊橫中」。

炮拳練習，爆發之前，略有一個慢韌性運行階段。前腳如鑔而去。

4、炮拳回身

以打出左腳右手炮拳後回身為例。有五動：（1）（2）原地捋手；（3）扣步半回身；（4）左鴛鴦椿右鑽（橫）；（5）右腳左手炮拳。

（1）（2）動作、要領同前，但步不動（圖2－54）。

圖2－54

（3）右腳不動，左腳抬起移到現右前扣落，同時，盡力右轉身，成倒八字步。回頭。

（4）右腳撤到左腳處成左鴛鴦樁。同時，身再略右轉，右拳自然舉起成鑽（橫），左拳跟在右肘後下。目視正前（現在的「前」，即剛才的「後」）（圖2－55）。

（5）向右前40°方向沖、蹬、跟，右撐腰調膀，打出右腳左手炮拳（圖2－56）。

以下再接著左、右「之」字形往回打。

【要領】

打炮拳注意，「拳不離心，肘不離肋」。

形意拳炮、橫、虎、馬、鮐等各拳的「之」字形運動，及連上崩拳在內的各拳回身扣步法，均與八卦步法不約而同。樊瑞峰師爺說：「迎之走側，發之進身。」

5、炮拳收勢

往來打回原地，回身，再打出一個炮拳，撤回前手前腳，起立，立正收勢。

具體動作參考前面各拳。

圖2－55

圖2－56

第五節 橫 拳

一、橫拳練法

1、立正起勢

向右前墊步，成右鴛鴦樁，動作同炮拳。

2、左腳右手橫拳

（1）原地右鴛鴦樁不動，身略右擰。同時，左拳從肚臍處邊外旋邊用自然勁前伸，與心口平，小指略朝天，拳尖略向前下傾，右拳仍在肚臍處不動（圖2－57）。

（2）由右鴛鴦樁，右蹬左邁，向左前40°方向大進一步，右腳跟半步，成前三後七三體樁，但兩腳距離略小於劈、鑽。與進步同時，右拳經左肘下後，邊外擰邊向進步方向打出，右拳過左肘時先略升高再向前略向下打出，走拋物線，至發力終點時小指朝天，拳尖略向前下傾，與心口平，意為打對方鳩尾穴；同時，左拳從右小臂上方靠右肘處邊內翻邊走拋物線拉回至肚臍處成覆拳塌住（圖2－58、圖2－58正面）。

【要領】

①在進步過程中，右腳腳趾抓地，腳心空，腳後跟不要太撩起，右膝要扣夾，腳要扣扭，重心要壓住，胯要收住，腰要坐住、塌住，背要有

圖2－57

圖2－58　　　　　　　　圖2－58正面

拔勁；兩肩鬆開沉下，大幅度擰腰調膀；韌性呼氣，至終
點時一擰，腹肌一收，最後成右腰右肩左腿在前、左腰左
肩右腿在後的拗步斜身式。鼻尖、右拳尖、左腳尖在同一
豎直平面內，三尖相照，成一豎勁支撐結構，頭略頂勁，
眼看前拳鋒處。

②兩拳及左腳要手腳齊到，且在中間過程中同步擰轉
進退，不分先後，如擰麻繩。兩拳臂以腰腿相連，以腰為
共同支點。腰先慢轉後急轉，肩鬆、扣、沉，傳力、傳動
暢通無滯。兩拳前後分開時互為爭奪，兩臂如一臂之通。

3、右腳左手橫拳

（1）向左前40°墊步成左鴛鴦樁（圖2－59、圖2－60）。

（2）由左鴛鴦樁，向右前40°方向大進一步。腳沖、
蹬、跟。身擰腰調膀。拳左前奮右後拉，各走拋物線，如
擰麻繩（圖2－61）。

各項要領同前，唯左右相反。橫拳腳所走路線同炮拳。

4、横拳回身

以打出右手横拳後回身為例，由右横拳定勢：

（1）扣左步半轉身同炮拳，拳保持右横拳原狀（圖2-62）。

（2）撤右腳，再轉身成左鴛鴦樁，仍同炮拳，拳持原狀（圖2-63）。

（3）再向右前打出右腳左手横拳，轉身後的右前就是轉身前的左後（圖2-64）。

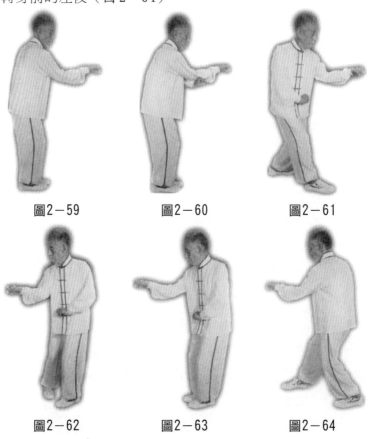

圖2-59　　　　圖2-60　　　　圖2-61

圖2-62　　　　圖2-63　　　　圖2-64

5、橫拳收勢

撤回前手前腳，起立立正收勢，參看前面各拳說明。

二、橫拳論

形意各拳均生於橫拳，即「起手橫拳」。劈、鑽、炮拳的起手均為橫拳。與敵搭手即用橫拳，但有橫勁而無橫形，行豎向運動而具橫向排擠勁。何能如此？蓋因形意拳出手走中線、擰螺旋，從肩至手為一橫斜線，如梁、如鑽又如錐，故能在位置上將敵擠偏而己占中，在方向上將敵領橫而己占豎，要豎而得豎，不求橫而得橫也。

第六節　五行拳總結

五行拳在形意拳中稱為母拳，形意拳訓練最寶貴的是三體勢站樁和五行拳。武術來源於戰爭，但又高於戰爭。五行拳是一種高度概括、典型、簡約、科學化了的武術訓練方法，是形意拳練習者的每日必修課。透過五行拳的練習，可使練習者逐步形成形意拳的行為方式和思維模式，成為形意拳化了的人。形意拳用的是典型訓練方法，先師王文彬說，學會畫關公像，就能畫好一切人像──此即典型含一般之理。

五行拳用於健身，能全面鍛鍊身體各部（尤其腰腿）以及神經、呼吸、循環、內分泌各系統，其練法一動無有不動、一靜無有不靜，一張一弛，一伸一縮，一左擰一右擰，節奏性極強，久練能對人的各種節律性運動起積極干

預、整合作用；且是有氧運動，它不但能健身，且能健心，對生理上的病態和心理上的病態均能起到預防、調節、約束作用。當某些病態將要發展到顯病的臨界點時，五行拳練習會將其拉回到健康範圍內。

五行拳應用於技擊，變化無窮，且有一拳多用之能，所謂「勝一人用此拳，勝人人亦用此拳」。五行拳確乎值得練習者一生磨鍊，求其真，得其健身、健心、自衛之益。

五行拳可分練、可連練。連練法：劈拳結束時打出左劈拳，直接握拳接打崩拳；崩拳結束時打出右崩拳，再打退步十字步左崩拳，再打出右順步崩拳，然後墊右步，再進左步打左鑽拳；鑽拳結束時如打出左鑽拳，則直接向左前沖步打右炮拳；炮拳結束時如打出左腳右手炮拳，則直接向左前按橫拳墊步，再向右前進步打出右腳左手橫拳。

第七節　五行進退連環拳

（簡稱「進退」或「連環拳」）

一、動作名稱

五行進退連環拳一共有一個來回的動作，其動作名稱為：

（一）打　出

1. 立正，劈拳起勢；2. 進步崩拳；3. 退步崩拳；4. 順步崩拳；5. 白鶴亮翅；6. 斜炮拳；7. 蓋掌；8. 退步鑽拳；9. 提步橫拳；10. 沖步劈拳；11. 沖步橫拳；12. 墊

步，拗步劈拳（狸貓上樹）；13.墊步，進步崩拳；14.回身，狸貓倒上樹（扣步、踢腳、落步劈拳）。

（二）打　回

15.進步崩拳；16.退步崩拳；17.順步崩拳；18.白鶴亮翅；19.斜炮拳；20.蓋掌；21.退步鑽拳；22.提步橫拳；23.沖步劈拳；24.沖步橫拳；25.墊步，拗步劈拳（狸貓上樹）；26.墊步，進步崩拳；27.回身狸貓倒上樹（扣步、踢腳、落步劈拳）。

（三）收　尾

28.進步崩拳；29.退步崩拳；30.立正收勢。

二、詳細說明

前面已經有過說明的從略。

（一）打　出

1. 立正，劈拳起勢。

2. 進步崩拳。

3. 退步崩拳。

4. 順步崩拳（圖2－65）。

圖2－65

【要領】

①左蹬右邁，左拳拉回，右拳打出。擰腰、調膀，全身一齊動止，不分先後。勢成時為右三體樁。

②右腳邁出遠近，以不需左腳跟步為宜，主要發揮原地蹬擰勁。以上三崩，要銜接緊湊而有節奏，叫做「出馬

三箭」。

③兩拳一出一入必須走中線、擰螺旋，要有互相救援、互相爭奪之勁意。要用腰、腹、腿、氣、意來救爭。後拳要經前拳正上方、兩拳似挨非挨相錯出手，肩鬆沉、肘垂。

④久練上下身鬆斷開再連住，出拳動步轟然有聲，心閑而勁整，注意體會進亦打、退亦打；進步低、退步高。

5、白鶴亮翅

(1) **預備**：左右手同時變成八字掌；同時，右臂曲回，左小臂搭在右小臂上，兩掌掌心均向後上。

(2) **進步托架**：左腳蹬地，右腳向右前30°方向進半步，左腳立跟成併步，重心略偏於右腳，與右腳進步同時，兩臂交叉著，往右前上邊翻邊托架至額前上，定勢時兩掌心均朝前上，肘撐圓（圖2-66）。

(3) **撤左步外展**：先左腳向左後撤一步，不可撅臀。同時，身從腰部大展開，帶動左右手臂分別向左後、右前劃上弧線分開外撐，姿勢要圓滿。

以腰部支撐，作為兩弧的公共圓心。左弧低長，右弧高短，左右呼應。腰塌住，肩鬆開，胸開背展。此動也叫鴿形（圖2-67）。

(4) **撤右步剪手**：左腳不動，右腳蹬地向左後撤回成左實右虛的小虛步。與撤右腳同時，身後縮，兩手臂由縮身、吸胸坐腰帶動，劃下半弧回到身前中間，右手變仰拳，裹肘；左手變普通掌型，左掌拍擊右小臂中部裡側，左肘垂夾。兩手之合剪與右腳之撤同時到位（圖2-68）。

此動為剪手，意為兩手如一大剪。

【技擊】

對方向我心口擊來，我方吸胸、含腰、縮身化之；同時，兩手以身勁合擊對方之肘手。

6、斜炮拳

接上式，向右前40°方向左蹬右沖左跟，打左炮拳（圖2－69）。

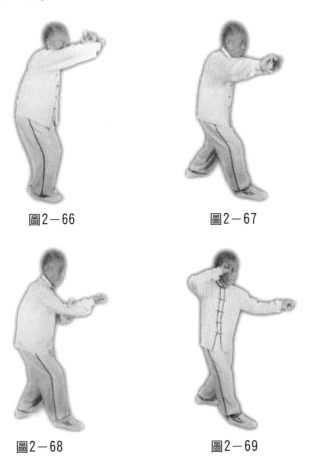

圖2－66   圖2－67

圖2－68   圖2－69

7、蓋掌

接上式，兩腳原地不動。左擰腰調膀，左手邊翻轉小臂邊走下弧線拉回至肚臍處覆掌塌住；同時，右手從右鬢角處邊擰轉小臂邊向面部正前打出，兩手不可離身自動，左手為顧，右手為打，身如門板，兩臂貫通，顧打合一（圖2—70）。

8、退步鑽拳

接上式，身後縮，至重心到左腳正上時，左腳蹬地，右腳撤至左腳後落實，成左三體勢樁步。與右腳撤同時，右擰腰調膀，右手向後下，拉回至肚臍處變覆拳塌住；同時左手變拳打出左鑽拳（圖2—71）。

9、提步橫拳

由上式，重心後移抬高，右腿獨立微彎，腳趾抓地；同時，收腹、吸左胯，左膝速提起，左腳掌平且前部略上翹，左腳裡側緊靠右大腿。同時，左拳向下後拉回至肚臍覆拳塌住。右拳從左肘下向前上左擰身打出右橫拳，至終

圖2—70　　　　　　圖2—71

60

點時與鼻齊，小指朝天（圖2－72）。

【要領】

包臀、分虛實（右半腰胯為實，左半為虛）。上身與前述橫拳要領相同，唯出手走升線，不走拋物線。

【技擊】

對方朝我撲來，我撤身抽回左手，突起右拳左膝，出其不意，反擊對方。假設未獲最佳效果，便可再緊接下面的沖步劈拳，將其劈出可矣。

10、沖步劈拳

由上式，右蹬左沖右跟，右擰調，打出左劈拳（圖2－73）。

回憶先師演練時，以上8、9、10動緊密聯接為一組。

11、沖步橫拳

由上式，不墊步，直接向左前30°方向打出右橫拳。腳右蹬、左沖、右跟；身左擰腰調膀，三尖相照（圖2－74）。

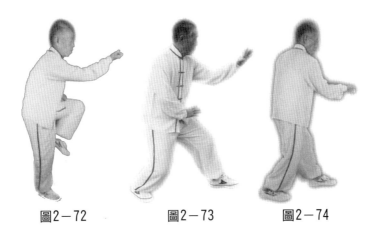

圖2－72　　　　圖2－73　　　　圖2－74

12、墊步、拗步劈拳（狸貓上樹）

（1）墊步，上身橫拳勢不動，向左前30°方向墊步成左鴛鴦椿。

（2）由上面的左鴛鴦椿，右扭身向右前30°方向打出拗步左劈拳，步沖、蹬、跟。右腳左手在前，左腳右手在後。注意右手的回拉勁（圖2－75）。

13、墊步、進步崩拳

（1）由上式，向前墊半步成右鴛鴦椿。同時，兩手握拳。

（2）接上式，向前打出右崩拳，腳沖、蹬、跟，成微倒八字併步（圖2－76）。

14、回　身

狸貓倒上樹，即扣步、轉身、踢右腿、交叉步左劈拳。

打回（略）

收尾（略）

圖2－75　　　　　　圖2－76

第八節　五行拳出手路線

（樊瑞峰）

　　劈拳走弧線，
　　崩拳走矢線，
　　鑽拳走升線，
　　炮拳走切線，
　　橫拳走拋物線。

第九節　五行拳歌訣

（王文彬 2001 年 5 月）

劈拳屬金性似斧，出手弧線提沖抹
（三折合一弧）。

引進落空如親嘴，起鑽落翻似浪滾。

崩拳屬木性似箭，出手矢線擰螺旋。

用腰擺動來復勁，配以內勁力推山。

鑽拳屬水性似電（閃），出手升線頭面鑽。

逢隙就鑽唯水能，洪大浪急難阻攔。

炮拳屬火性似炮，拗步切線豎打橫。

腳踩中門搶地位，上顧下擊勁抖炸。

橫拳屬土性似牆，拗步擰臂拋物線。

起橫落橫不見橫，若要見橫不算能。

第三章　十二形拳

　　形意十二形拳在三體勢、五行拳的基礎上又各盡其妙，補充、豐富了形意拳的內容，均有很好的鍛鍊價值和技擊價值，均能引人入勝。但在三項之間及十二各形之間仍有主次之分，習者不應平均使用時間和精力。

　　回憶先師當年，渾元樁、太極拳、三體勢、五行拳、虎、馬、鮐、蛇、鼉、進退、四把幾乎為每日必練，其他則隨興間點練之。

　　樊家形意十二形拳中，雞、燕、熊形為套路拳，猴形也有套路，但王師所練所傳只有探掌、爬杆和叼繩。

　　樊瑞峰師爺對十二形有獨特的講法：

　　其一，十二形歌訣：

　　「將十二種動物形象之特長吸收到拳中稱之為十二形象拳。

　　龍有縮骨之法，虎有撲食之猛；

　　猴有縱山之靈，馬有蹟蹄之功；

　　蛇有撥草之巧，雞有撕鬥之勇；

　　鷹有捉拿之技，熊有豎項之力；

　　鮐有豎（垂）尾之才，鼉有分水之能；

　　鷂有翻身之精，燕有取水之妙（起落之行）。」

其二，一身備十二形理論：

「在形意拳鍛鍊過程中，應當使身體的整個運動均體現出十二形象的特點：熊肩、龍身、猴背、蛇腰、雞腿、馬胯、鼉臂、鮐步、鷹抓、鷂眼、燕行、虎豹頭。」

第一節　龍　形

龍形運動量很大，動作做標準了，練一個來回都很困難，對鍛鍊腰、腿勁、輕身功夫效果很大。

1、右龍形（定勢時右手在前稱為右龍形）

(1)立正起勢，向右前墊步成併步，兩拳覆置臍上（面東）（圖3-1）。

(2)原地向正前打出踢腿左鑽拳，左腳提蹬左拳鑽；同時，右拳變八字掌覆至左腋下。右擰腰（圖3-2）。

(3)右腳猛蹬地，身向前上躍起。兩手各走上弧前後分揮，右前左後。身左擰。

圖3-1　　　　　　　圖3-2

（4）身向前落伏，成坐盤步，右手下按成普通掌型（圖3-3、圖3-3正面）。

2、左龍形

（1）起身，同時，右手抓回至臍，左手收回至腰變拳。

（2）左腳向左前墊步，重心偏於前左腳。

（3）向正前打出踢腿右鑽拳，右腳提蹬右拳鑽。同時，左拳變八字掌覆置右腋下。左擰腰（圖3-4）。

（4）左腳猛蹬地，身向前上躍起。兩手各走上弧前後分揮，左前右後。身右擰。

（5）身向前落伏，成坐盤步，左手下按成普通掌型（圖3-5）。

3、右龍形

（1）起身，同時，左手抓回至臍，右手收回至腰變拳。

（2）右腳向右前墊步，重心偏於前右腳。

（3）向正前打出踢腿左鑽拳，左腳提蹬左拳鑽，同時，右拳變八字掌覆至左腋下。右擰腰。

圖3-3

圖3-3正面

圖3-4 　　　　　　　　　圖3-5

(4) 右腳猛蹬地,身向前上躍起。兩手各走上弧前後分揮,右前左後。身左擰。

(5) 身向前落伏,成坐盤步,右手下按成普通掌型。

4、龍形回身

設打出左龍形時回身。

原地左後轉身,先起後伏（前半轉起、後半轉伏）。腳右扣左擺。兩手隨轉身各走上弧前後分揮按下（此時朝西）（圖3-6）。

5、龍形收勢（略）

圖3-6

第二節　虎　形

虎形是雙手齊出的劈拳，其勁仍是「提、沖、抹（撲）」，路線同炮、橫，走「之」字形。形意拳譜上說：「勢勢不離虎撲。」形意拳各拳均有虎撲之義，出手就是虎撲。

1、立正起勢

同炮、橫拳，向右前墊步成為右鴛鴦椿，兩手覆拳塌於肚臍處，拳鋒相對。

2、左虎撲

（1）原地右鴛鴦椿不動，身扭向左前40°方向。同時，兩拳貼身用自然勁上鑽至平胸變掌，臂裡裹，肘垂，掌背向前。

略含胸彎背，塌腰包臀坐身，蓄勢待發。視線隨身轉向左前40°（圖3－7）。

（2）由上，右蹬左邁，向左前40°方向（即現在的正前）大進一步，右腳再跟半步，成左三體椿，兩腳距離略小於劈、鑽。

同時，兩掌向前撲出，如同劈拳一樣，兩手掌同時一齊打一個上弧線，勁為「提、沖、抹」（圖3－8）。

圖3－7

【要領】

①此虎撲需長久磨鍊方能得其真勁，功成後，在得機得勢時，走過步，用意一劃，人即騰跌。

②撲時，雖無擰腰調膀，但仍要用腰腿勁，不能練成胳膊勁。

③撲時，略長（彳尢）腰、展身、臀部向前逼擠，至撲終時又略含彎。

④頂頭、豎項、收頦，鬆肩、垂肘，身、手、足齊起齊落、齊發齊進齊止，全身一展俱展、一收俱收。

⑤兩小臂提沖時外擰、沖抹時內翻，至抹終時坐腕，腕外撐裡扣，掌外緣靠前。

3、捋手右虎撲

(1) 步不動，身略左斜（左腰肩靠後、右腰肩靠前稱為「左斜」）。

兩掌前後錯開，右掌在前上，左掌在後下，前後相距一小臂長，掌心均向中（圖3-9）。

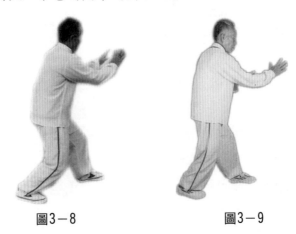

圖3-8　　　　　　　　　圖3-9

（2）向左前墊半步成左鴛鴦椿。同時，雙手一起抓捋，至肚臍處變拳塌住（圖3－10）。

（3）左鴛鴦椿步不動，身右扭，面向右前40°方向。同時，兩拳貼身用自然勁上鑽至平胸變掌，臂裡裹，肘垂，肩沉，掌背向前。略含胸彎背，塌腰包臀坐身，蓄勢待發（圖3－11）。

（4）由上，左蹬右邁，向右前40°方向（即現在的正前）大進一步，左腳再跟半步，成右三體椿，兩腳距離略小於劈、鑽。

同時，兩掌由上弧線向前撲出，走「提、沖、抹」三勁，一氣呵成（圖3－12）。

4、捋手左虎撲

（1）步不動，身略右斜。兩掌前後錯開，左掌在前上，右掌在後下，前後相距一小臂長，掌心均向中。

（2）向右前墊步成右鴛鴦椿。同時，雙手一起抓捋，

圖3－10　　　圖3－11　　　　圖3－12

至肚臍處變拳塌住。

(3)右鴛鴦樁步不動，身左扭，面向左前40°方向。同時，兩拳貼身用自然勁上鑽至平胸變掌，臂裡裏，肘垂肩沉，掌背向前。略含胸彎背，塌腰包臀坐身，蓄勢待發。

(4)由上式，右蹬左邁，向左前40°方向（即現在的正前）大進一步，右腳再跟半步，成左三體樁，兩腳距離略小於劈、鑽。同時，兩掌由上弧線向前撲出，走「提、沖、抹」三勁，一氣呵成。

5、虎形回身

虎形回身法略同炮拳回身，以打出右虎撲後回身為例：

(1)原地捋手（圖3-13、圖3-14）。

(2)扣右步、左轉身、撤左腳、再左轉，成右鴛鴦樁（圖3-15、圖3-16）。

(3)再向左前打出左虎撲（圖3-17、圖3-18）。

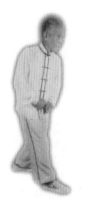

圖3-13   圖3-14

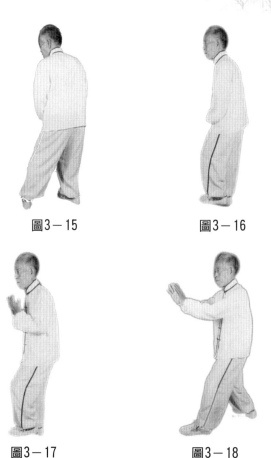

圖3－15   圖3－16

圖3－17   圖3－18

6、虎形收勢

至起點，回身，再打出一撲，撤回手及前腳，立正收
勢。

【技擊】

移步扭身，與敵共轉；引進落空，以正對側，以豎擊
橫。打人如親嘴，發人如拍球。過步，沾身縱力。心注敵
根，意透敵背。

第三節　猴　形

1、立正起勢

(1)立正

(2)原地打出左劈拳，成左三體勢（圖3－19）。

2、第一組動作

分七動講。

(1)右腳蹬，左腳進半步，右腳不跟。擰腰調膀，右掌前探，左掌從右掌下抽回，兩掌均走中線，右掌從嘴出。重心靠近前左腳，以便於連續進步，拗步斜身（圖3－20）。

(2)再左腳蹬，右腳進一步到左腳前，左腳不跟。擰腰調膀，左掌前探，右掌從左掌下抽回，兩掌均走中線，左掌從嘴打出。重心偏於右前腳，以便於連續進步，拗步斜身（圖3－21）。

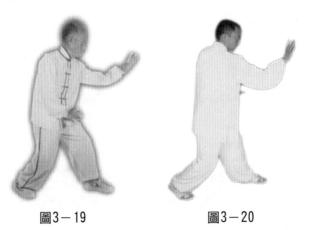

圖3－19　　　　　　　圖3－20

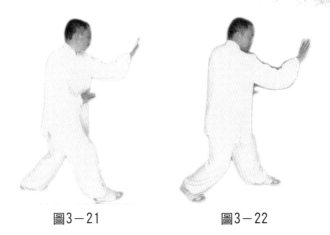

圖3－21　　　　　　　圖3－22

（3）再右腳蹬，左腳進一步到右腳前，右腳不跟。擰腰調胯，右掌前探，左掌從右掌下抽回，兩掌均走中線，右掌從嘴打出。重心偏於前左腳。拗步斜身（圖3－22）。

以上三動緊連不斷，至此，略停，接下動。

（4）左腳蹬，右腳提起。同時，掌左探右抽，仍走中線。擰調。緊接下動（圖3－23）。

（5）左蹬，向前多半步跳落，右支左提。同時掌右探左抽，走中線。擰調。緊接下動（圖3－24）。

（6）左腳向右腳前落步，右腳略跟，成左三體樁，重心壓住，前三後七。同時，左掌前探、右掌抽回，擰調，順步斜身（圖3－25）。略停，接下動。

（7）身後縮，右腳向前蹬勁，左腳撤到右腳後，右腳跟著撤半步，成右三體樁，前右腳腳尖點地。同時，左手從右手上抽回，兩手一齊變爪。身略蹲彎，此為右猴蹲勢（圖3－26）。

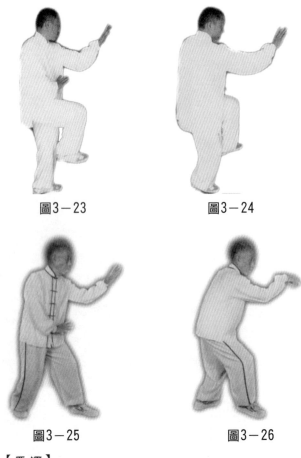

圖3－23　　　　　　　　圖3－24

圖3－25　　　　　　　　圖3－26

【要領】

①以上前探的手略同於蓋掌，內寓蓋面、戳睛、抓臉之意。

②由於連動，擰調幅度要小於劈拳。回抽之手高於肚臍，大約在心口高處。兩手走中線，相交出入，一片輕靈。出手略走上弧，回手略走下弧。節奏：（1）（2）（3）－（4）（5）（6）－（7）。

3、第二組動作

（1）左腳蹬，右腳進半步，左腳不跟。擰腰調膀，左掌前探，右掌從左掌下抽回，兩掌均走中線，左掌從嘴出。重心偏於前右腳，以便於連續進步，拗步斜身。

（2）再右腳蹬，左腳進一步到右腳前，右腳不跟。擰腰調膀，右掌前探，左掌從右掌下抽回，兩掌均走中線，右拳從嘴打出。重心偏於前左腳，以便於連續進步，拗步斜身。

（3）再左腳蹬，右腳進一步到左腳前，左腳不跟。擰腰調膀，左掌前探，右掌從左掌下抽回。兩掌均走中線，左掌從嘴打出。重心偏於前右腳。拗步斜身。

以上三動緊連不斷，略停，接下動。

（4）右腳蹬，左腳提起。同時，掌右探左抽，仍走中線，擰調。緊接下動。

（5）右蹬，向前多半步跳落，左支右提。同時，掌左探右抽，走中線。擰調。緊接下動。

（6）右腳向左腳前落步，左腳略跟，成右三體樁，重心壓住，前三後七。同時，右掌前探，左掌抽回。擰調，順步斜身。略停，接下動。

（7）身後縮，左腳向前蹬勁，右腳撤到左腳後，左腳跟著撤半步，成左三體樁，前左腳腳尖點地。同時，右手從左手上抽回，兩手一齊變爪，身略蹲彎。此為左猴蹲勢。

以下照上面說明，兩組動法交替向前打出。

4、猴形回身

假定練到左猴蹲勢（圖3－27）時回身，分為三動，其中一、二緊連。

（1）前左腳抬起原地扣落，右轉身。前左手曲回胸前（圖3－28）。

（2）後左腳抬起外擺靠前二三寸點落，繼續右轉身。右手前伸。

（3）身略後縮，兩手一起回抓，前右腳回撤二三寸，成右猴蹲勢（圖3－29）。

5、猴形收勢（略）

【技擊】

猴形用法為輕靈連環巧打，手從嘴出，鑽縫而入，兩手相交。出手戳蓋、回手抓挒；連連進步，足蹬膝頂。

圖3－27

圖3－28

圖3－29

第四節　馬　形

馬形拳為雙拳齊出。該拳應打出渾厚之力。路線同炮、橫、虎，走「之」字形。

1、左馬形

(1) 立正起勢同炮、橫、虎，向右前墊步成右鴛鴦樁。兩手覆掌塌在肚臍處。

(2) 由上式，右鴛鴦樁步不動，身扭向左前40°方向。與扭身同步，兩拳翻成拳心向上，移至兩肋中線，並貼著兩肋中線上移，至兩腮邊時翻成拳背貼腮停住，拳面向前裡，拳心向前外。鬆肩，肘自然抬起，目視左前方（圖3-30、圖3-31）。

【要領】

以上動作，均用自然力，不可拙勁，肩、肘部尤其要鬆開。

(3) 由上式，向左前40°方向沖、蹬、跟，成左三體樁，兩腳距離略小於劈、鑽。同時，兩拳一齊向前下，邊繼續小幅度外翻邊撞出至胸高，勢成時，兩肘尖朝外上，兩拳背朝中相對（圖3-32）。

圖3-30　　　圖3-31

2、右馬形

(1)由左馬形,向左前墊步成左鴛鴦椿。同時,兩拳自然收回肚臍處仰拳塌住。沉肩、垂肘、虛胸、實腹、包臀(圖3－33)。

(2)左鴛鴦椿不動,身扭向右前40°方向。與扭身同步,兩拳移至兩肋中線並貼著兩肋中線上移,至兩腮邊時翻成拳背貼腮停住,拳面向前裡,拳心向前外。鬆肩、抬肘,目視右前(圖3－34)。

【要領】

以上動作均用自然力,不可拙勁,肩、肘關節尤其要鬆。此動有化解之意。

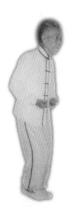

圖3－32　　　　　圖3－33　　　　　圖3－34

(3)由上式,向右前40°方向沖、蹬、跟,成右三體椿,兩腳距離略小於劈、鑽。同時,兩拳一齊向前下,邊繼續小幅度外翻邊撞出至胸高,勢成時,兩肘尖朝外上,兩拳背朝中相對(圖3－35)。

【要領】

以上第（2）動略長腰展背。第（3）動發力時塌腰，略吸胸、彎身，兩拳之撞要源於腿的蹬勁、腰的逼擠勁。

以下再左、右馬形交替練去。

3、馬形回身

以打出右腳在前的右馬形時回身為例。

（1）扣右步、左後轉身、撤提左腳成右鴛鴦椿，同炮、橫、虎，同時兩拳自然收回到肚臍處仰拳塌住。

（2）原地右鴛鴦椿不動，身扭向（轉身後的）左前40°方向。與扭身同步，兩拳用自然勁，分別移至兩肋並貼著兩肋中線上移，至兩腮邊時翻成拳背貼腮，目視左前（圖3－36）。

（3）接上式，向左前40°方向沖、蹬、跟，打出左馬形（圖3－37）。

4、馬形收勢（略）

圖3－35　　　　　圖3－36　　　　　圖3－37

第五節　雞形四把

一、動作名稱

雞形四把是一個短小精幹的套路拳，動作名稱如下：

第一段　預備（向東）

1.立正；2.左劈拳起勢。

第二段　打出（向東）

3.雞腿（2個）；4.雞步（2個）；5.併步掖掌，6.撤步橫掌；7.併步單馬形；8.烏龍絞柱；9.龍抱柱（上步橫拳）；10.降龍伏虎（金雞獨立，換步鷹抓）；11.金雞鴰米（蹲捶）；12.金雞抖翅回身（挒手掖掌）；13.金雞報曉；14.蛇形；15.烏龍絞柱。

第三段　打回（向西）

16.雞腿（2個）；17.雞步（2個）；18.併步掖掌；19.撤步橫拳；20.併步單馬形；21.烏龍絞柱；22.龍抱柱（上步橫拳）；23.降龍伏虎（金雞獨立，換步鷹抓）；24.金雞鴰米（蹲捶）；25.金雞抖翅回身（挒手掖掌）；26.金雞報曉；27.蛇形；28.烏龍絞柱。

第四段　結束

29.回身（右）鑽拳；30.上步（左）鑽拳；31.轉身提步（右）鑽拳；32.落步（左）劈拳；33.立正收勢。

二、動作說明

第一段　預備（向東）

1、立正（略）。

2、左劈拳起勢（圖3－38）。

第二段　打出（向東）

3、雞腿（2個）

（1）由上式，重心前移至左腳，右胯裡根虛涵住，收腹，右膝直向前上提頂，右腳前掌略向上撩，右腳裡側緊靠左大腿，左腿獨立，左膝微彎，左腳腳趾抓地。與之同步，右掌邊擰邊從左小臂下向前上穿出平胸，至終點時掌心向上；同時，左掌從右小臂上抽回平腹，掌心仍向下。左擰腰調膀以聯手足之動（圖3－39）。

（2）緊接上動。右掌再從左小臂上邊翻邊抽回平腹，勢終時掌心向下；同時，左掌再從右小臂下穿出平心，掌心仍向下，五指頂勁。右擰腰調膀。同時，右腳略後撤跳

圖3－38　　　　　　　圖3－39

圖3－40

落，左膝提頂（圖3－40）。

【要領】

右腳落地時，要全身整體下砸，震腳。

以上二動緊密銜接，一氣呵成。

4、雞步（2個）

（1）由上式，重心略前移、下降，右腳蹬地，向左前20°方向沖步成左鴛鴦椿。同時，擰腰調膀，催動右手成骷腦拳從左小臂下穿出平腹，左手也同時變骷腦拳從右小臂上抽回平胸，二拳相交錯過，要有爭奪之勁。目俯視左前（圖3－41）。

所謂「骷腦」拳，是指五指軟屈，手腕上挺，腕部著力的「拳」型。

（2）上式略停，再左腳蹬地，向右前20°方向沖步成右鴛鴦椿。

同時，右擰調，催動左骷腦拳從右小臂下穿出平腹，右手同時從左小臂上抽回平胸，二拳相交著錯過，要有爭奪之勁。目俯視右前（圖3－42）。

以上二動，出手不翻不擰。

5、併步掖掌

（1）由上面的右鴛鴦椿，左腳向正前墊一步，右腳不跟，重心在後腳。左手變覆掌，右拳變仰掌收於右腰際（圖3－43）。

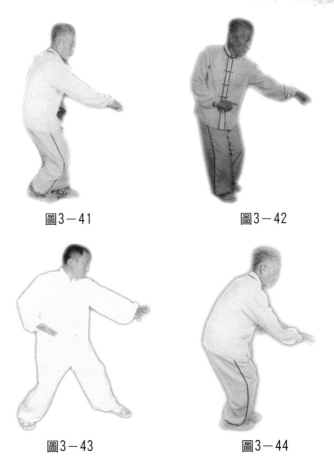

圖3－41　　　　　　　圖3－42

圖3－43　　　　　　　圖3－44

（2）重心前移，右腳前進一步與左腳成併步。同時，身左擰調，右掌向前下穿出平腹，左掌覆置右小臂上。目俯視。彎膝蹲身（圖3－44）。

6、撤步橫掌

（1）身步不動，右掌略向上兜抓成仰拳。

（2）身後縮，左腳蹬地，右腳後撤一大步，左腳再跟撤半步。與左蹬右撤同時，身右擰調，左手橫掌向前托

圖3-45

出，右手奮力拉回至臍。兩手對爭（圖3－45）。

7、併步單馬形

（1）左腳向前略墊，身再右斜一點，兩手略拉開。

（2）重心前移，右腳進一步與左腳成併步。同時，身左擰調，右拳經右腮向前打出單馬形。同時，左掌移至於右臉處，掌背貼臉護頭（圖3－46、圖3－47）。

8、烏龍絞柱

由上面的單馬形，兩腳同時蹬地送身騰起，在空中右擰腰調身，跳落，成左腳在前右腳在後的半馬步，重心偏於後右腳，兩腳同落，砸地有聲。與身騰空同時，兩手均變掌揮臂，以腰帶動，沿路線：前→左下→左後→左上揚

圖3－46

圖3－47

圖3-48 圖3-49

起;與身落下同時,兩掌再一齊向前下劈下,左掌在前,
右掌在後,前後相距數寸(圖3-48、圖3-49)。

9、龍抱柱(上步橫拳)

(1)左腳向前略墊步二三寸擺落。同時,重心前移,
左掌變成掌心朝右,右掌變成仰拳。

(2)不停,重心繼續前移至左腳,右腳隨著前移。兩
手在胸前相合,左掌按在右小臂
裡側。

(3)不停,左腳蹬地,右腳
大進一步到左腳前,左腳再跟半
步,成右三體勢椿步。與左蹬右
進同時,兩手相擠,向前打出右
橫拳,高與胸齊,走升線(圖
3-50)。

以上三動緊連一氣,成為一
動。

圖3-50

10、降龍伏虎（金雞獨立，換步鷹抓）

分為三動。

(1)由上，步不動。身略左斜，左掌不動，右拳用自然勁栽下（圖3-51）。

(2)接上不停，右拳繞左掌下、後從懷裡鑽上來；同時，左掌與右拳對繞，走右拳前下按下去，兩手全用自然勁。同時，右腳撤提，左腳獨立（圖3-52）。

(3)上式微頓，右拳變掌走前下弧拉落抽回到胸覆掌停住，左掌繞右拳走一個大上弧線向前下按落。同時，兩腳跳換成左腳提、右腳獨立。目俯視（圖3-53）。

此動擒按要用腰身整勁，右腳震地，轟然出聲。

11、金雞鴿米（蹲捶）

(1)由上式，左腳向前落墊半步，重心略前移，右手變仰拳。

(2)重心再前移，右腳收前與左腳成併步，同時，身左擰調，右拳向前下打出，左掌覆置於右小臂上，右拳右

圖3-51　　　　　　　　　　　圖3-52

腳同時到位。目俯視（圖3－54）。

12、金雞抖翅回身（扽手掖掌）

（1）左腳支重，身下壓，右腳後撤一大步。同時，兩手均變仰掌搭成十字，左上右下（圖3－55）。

（2）左腿奮力蹬直，身右後轉，成面向西的前弓後直步。隨腿蹬身轉，右手從原身前翻扽至現額左前上，左手翻塌向現身後，右小臂橫至於額前上一寸，肘撐圓，兩手對開、對撐（圖3－56）。

圖3－53　　　　　　　圖3－54

圖3－55　　　　　　　圖3－56

13、金雞報曉

(1)由上式，左腳撤墊半步。兩手略開。

(2)再右腳撤回成左鴛鴦椿，身左扭。同時，右手鬆腕，走上弧穿到左腋下；左掌上置於右臉頰，掌背對臉；右手過左腋時腕鬆手垂，手臂向後，穿過後擰成掌心向後（圖3－57）。

14、蛇形

向前（即西）左蹬、右沖、左跟，成右三體椿。同時，催動右臂肩向前上挑出，勢成時，右臂橫平，掌心向左（即南）；同時，左掌與右臂反向運動，下按於腹前齊臍（圖3－58）。

【要領】

右肩的沉起挑勁，傳勁路線為左腿→腰→右肩臂。

圖3－57　　　　　　圖3－58

圖3－59

圖3－60

15、烏龍絞柱

練法同前，唯方向相反。勢成時為側身向西的半馬步
（圖3－59、圖3－60）。第二段終。

第三段　打回（向西）

以下16.雞腿（2個）～
28.烏龍絞柱，同第二段各節
動作，只不過方向、走向相
反，不再重複說明。

第四段　結束

以上到「28.烏龍絞柱」
時，練習者已回到原地，且又
轉為面向東，成為身體左側向
東的半馬步（圖3－61）。

圖3－61

91

29、回身鑽拳

本動為右後轉身鑽拳。

(1) 左腳扣，腳跟不離地，身半轉（圖3－62）。

(2) 身再轉；同時，右腳上半步（向西）。打出右鑽拳。

右腳外撇落地，左腳不跟（圖3－63）。

30、上步鑽拳

再重心前移，上左步打左鑽拳，右腳不跟（圖3－64）。

31、轉身提步鑽拳

(1) 身右後轉，成面朝東。同時，右腳撒墊到左腳之後（即西）（圖3－65）。

(2) 緊接著左腳扣正（腳跟不離地）。

(3) 提左膝、鑽右拳（向東），左拳置臍。擰調（圖3－66）。

圖3－62

圖3－63

以上三個鑽拳，兩個上步、兩個轉身要快速銜接、連貫自如。

32、落步劈拳

左腳向前邁落，右腳跟。身右擰調，打出左劈拳，成左三體勢（面東）（圖3－67）。

33、立正收勢（略）

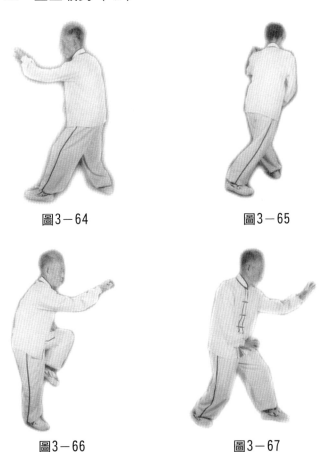

圖3－64　　　　　　　　圖3－65

圖3－66　　　　　　　　圖3－67

第六節　鼉　形

　　鼉形的步法是「之」字形，樁法是左右鴛鴦樁互換。步法的斜步度數大於炮、橫、虎、馬、鮐，除第一步左邁大約30°左右外，以後各步均在60°左右。往前打到頭後不回身，而是倒著原路打回。

　　手法是兩臂在擰腰調肩的帶動下，在胸前沿橢圓形交替擰翻劃圈。該橢圓形運手軌跡前後長、左右扁，橢圓面向前上傾斜約10°左右。手劃圈的節奏快於移步的節奏。

一、進步鼉形

1、立正（略）

2、（左）劈拳起勢（圖3－68）。

3、左鴛鴦樁鼉形

圖3－68

　　（1）向左前30°方向，左腳邁、右腳跟提，成左鴛鴦樁。同時，兩掌變「八」字掌，身左擰調，右手從左小臂上向左前上走裡弧穿出擰成仰掌；同時，左手從右小臂下走外弧拉回仍覆（偏左）（圖3－69）。（注：「裡弧」指朝身中突出的弧線；「外弧」指朝身外突出的弧線。）

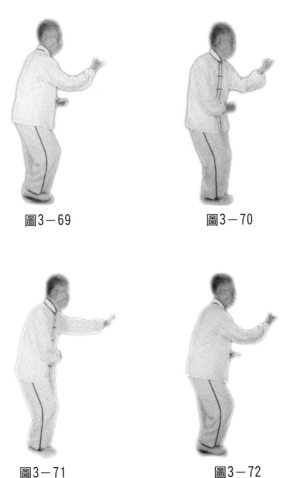

（2）左鴛鴦樁不動，再身右擰調，左手從右小臂上向右前上走裡弧穿出擰成仰掌；同時，右手從左小臂下走外弧拉回翻成覆掌（偏右）（圖3-70）。

（3）樁步仍不動，身手動作同（1）（圖3-71、圖3-72）。

圖3-69　　　　　　　　圖3-70

圖3-71　　　　　　　　圖3-72

4、右鴛鴦椿鼉形

(1)向右前60°方向,右腳邁、左腳跟提,成右鴛鴦椿。同時,身手動作同「3(2)」(圖3-73、圖3-74)。

(2)右鴛鴦椿不動,身手動作同「3(1)」。

(3)椿步仍不動,身手動作同「3(2)」。

5、左鴛鴦椿鼉形

(1)向左前60°邁步成左鴛鴦椿,身手動作同「3(1)」。

(2)同「3(2)」。

(3)同「3(3)」。

6、右鴛鴦椿鼉形

(1)同「4(1)」。

(2)同「4(2)」。

(3)同「4(3)」。

......

圖3-73　　　　　　圖3-74

二、退步鼉形

腳左、右撤、跟撤提，成左右鴛鴦樁，身手同「進步鼉形」。

三、鼉形收勢

如上說明，退至出發點時成右鴛鴦樁，再左腳前邁，打出左劈拳，立正收勢。

四、鼉形用法

鼉形用法為破花槍。出手斜身輕穿接、回手刁捋奪，加以步法移動。師父講，樊瑞峰師爺曾坐在太師椅上，令徒弟用花槍紮之，用幾個鼉形輕靈巧化，最後一手抓住纓子一拉一送，徒弟即跌坐於地。

鼉形要練得虛靈，手要快動，步按普通節奏。

第七節　燕　形

燕形是一個套路拳，一個來回，其中有一個縱跳擰身接下仆前穿的動作。師父說：「咱們形意拳也有起高蹦遠。」

一、動作名稱

第一段　打　出（向東）

1. 立正起勢；　2. 打花、白馬獻蹄；　3. 燕子抄

水； 4.坐盤搓掌； 5.金雞獨立； 6.跳步燕子抄水； 7.墊步二起腳； 8.捋手掖掌； 9.上步鑽掌；10.燕子翻身； 11.再上步鑽掌； 12.回身鑽掌；13.捋手掖掌； 14.轉身蹲捶。

第二段 打 回（向西）

15.打花、白馬獻蹄； 16.燕子抄水； 17.坐盤搓掌； 18.金雞獨立； 19.跳步燕子抄水； 20.墊步二起腳； 21.捋手掖掌； 22.上步鑽掌； 23.燕子翻身； 24.再上步鑽掌； 25.回身鑽掌； 26.捋手掖掌； 27.轉身蹲捶。

第三段 結 束

28.打花、白馬獻蹄；29.立正收勢。

二、動作圖解

第一段 打 出（向東）

1、立正起勢

動作同「劈拳起勢(1)(2)(3)」，惟將覆拳改為覆掌（圖3-75）。

2、打花、白馬獻蹄

(1)左腳前邁一小步。先兩掌垂分，左前右後。再重心前移，右腳跟提。同時，身略捲，腰略左擰，左掌走上弧，右掌走下弧，使兩臂在胸前交叉，右前（外）、左後（內）（圖3-76）。

98

（2）右腳後撤一小步，身略展，兩掌繼續沿剛才的路線各劃半個立圓分開，左低右高（圖3-77）。

（3）左腳跟撤成併步，同時，身右擰向南，略捲。兩掌繼續沿原順時針方向各走半個圓圈，使兩臂在胸前交叉，左前（外）、右後（內）（圖3-78）。

圖3-75　　　　　　　　圖3-76

圖3-77　　　　　　　　圖3-78

（4）身再展，腰左擰，兩掌繼續沿原方向各走半個圓分開、對撐，左手變為勾手。頭轉向東（圖3－79、圖3－79側面）。

【要領】

①以上四動要連貫流暢。

②兩手各在胸前劃一個半立圓。

3、燕子抄水

身右擰，同時，右腿下蹲，左腳貼地前伸。同時，右掌撐捋至頭後上，左勾手變掌，掌背貼著左腿外側向前伸出（圖3－80）。

4、坐盤搓掌

右腳蹬地，身起立，重心移至前左腳。緊接著，右腳邁到左腳前橫落，成交叉坐盤步。同時，右手仰掌前伸，左掌覆置右小臂上，身左斜（圖3－81）。

圖3－79　　　　　　圖3－79側面

5、金雞獨立

重心前移至右腳，右腳蹬地獨立；同時左膝提起，左腳面繃直。同時，兩掌對開，右掌上撐，左掌沿左大腿裡側插下去（圖3－82）。

6、跳步燕子抄水

（1）左腳邁落，兩掌前後分開——左掌前挑、右掌後落，都用自然勁（圖3－83）。

圖3－80　　　　　　　　圖3－81

圖3－82　　　　　　　　圖3－83

(2)右腳再邁到左腳前。右手走下弧線前插，左手腕在右小臂上，身左斜。勢完時略同前面的「4.坐盤搓掌」（圖3-84）。

(3)重心移到前右腳，蹬地騰空，右手上撐，左手翻下插（圖3-85）。

(4)落地伏身，右腿下蹲，左腳貼地前伸。同時，右掌撐掉到頭後上，左手掌掌背貼著左腿外側前伸，身右擰（圖3-86）。

7、墊步二起腳

右腳蹬地，身起立；重心前移至左腳；右腳邁到左腳前墊落（以上三動緊連）。重心前移至右腳；右支左踢；右腳蹬地，騰空，右踢左收。同時，左掌走下弧線收回，右手向前推擊右腳面（圖3-87）（以上三動緊連）。

8、捋手掖掌

身落地左腳獨立，右腳後撤一步落地。同時，右後轉

圖3-84

圖3-85

身，打捋手掖掌（同「金雞抖翅」），勢成時面向西（圖3－88）。

9、（轉身）上步鑽掌

（1）左後半轉身，重心移至左腳，兩手略落。

（2）左腳蹬，右腳上至左腳前，左擰身。打出右鑽掌。左腳不跟（向東）（圖3－89）。

圖3－86　　　　　　　　　　圖3－87

圖3－88　　　　　　　　　　圖3－89

10、燕子翻身

即跳撤仆步下按掌。

雙腳同時蹬地，身跳起右轉，落地時胸向南，伏身，右腿彎蹲，左腿較直。雙掌下按，指相對（圖3-90）。

11、再上步鑽掌

要領、動作同「9」（向東）。

12、回身鑽掌

由上式，左後轉身，兩手兩腳互換前後，朝西打成左順步鑽掌，左、右腳原地擺、扣（圖3-91）。

要領同鑽拳回身（向西）。

13、捋手掖掌

(1)再右後轉身，打捋手掖掌（即金雞抖翅），勢成時又轉向面朝東。

(2)由上式，後右掌從左臂下向前上貼著左臂穿出至左掌前上（圖3-92）。

(3)身右後擰轉，蹬左腳。掌右捋左掖。同時，腳右

圖3-90

圖3-91

圖3－92

圖3－93

外扭、左扣扭，身法幅度小（圖3－93）。

14、轉身蹲捶

（1）左後轉身，左手仍在原位，右手落於右腰變拳。

（2）重心前移，右腳跟成併步。身左擰，右拳向前下打出，左掌覆置右小臂上。

眼俯視。此時面向西（圖3－94）。

第二段　打回（向西）

以下「15.打花、白馬獻蹄～27.轉身蹲捶」打回到原出發地並又轉到面向東。

第三段　結束

28.打花、白馬獻蹄（面向東）。

29.立正收勢（略）。

圖3－94

第八節　鷂　形

1、立正（面東）。

2、左劈拳起勢（圖3－95）。

3、右鷂形

（1）由左三體勢，兩掌同時向前上托起，左掌在前下，右掌在後上，相距一小臂長，掌心均向前上（圖3－96）。

（2）不停，腰右後轉，帶動兩手走上弧揮向身後。同時左腳略前墊，重心移向前左腳。頭隨手後扭（圖3－97）。

（3）右腳進到左腳前。身左擰，兩手接走下弧向前上

圖3－95

圖3－96

托出。左腳略跟（圖3－98、圖3－99）。

以上三動合起來即為「鷂子翻身」。

（4）兩手一齊合力翻擰回拉（右翻左擰），同時，右腳略撤，身略含蓄（圖3－100）。

圖3－97

圖3－98

圖3－99

圖3－100

(5)不停，一翻擰即進，腳沖蹬跟。兩手一齊合力向前發出（圖3－101）。

【技擊】

(1)設對方右拳擊來，我斜身移步，右手刁腕、左手抓肘，隨勢右轉身，將敵向我身後擲出。如不爽時，再左翻身向前揮擲之。

(2)設對方左鑽拳打來，我左斜身上步，左手刁腕、右手托肘，合力剪擊。對方翻臂化我剪勁，則我跟著翻擰拉發，將其打出。

4、左鷂形

(1)由右鷂形定勢，兩掌同時向前上托起，右掌在前下，左掌在後上，相距一小臂長，掌心均向前上。

(2)不停，腰左後轉，帶動兩手走上弧揮向身後。同時，右腳略前墊，重心移向前右腳。頭隨手後扭。

(3)左腳進到右腳前。身右擰，兩手接走下弧向前上托出。右腳略跟。

圖3－101　　　　　　　　　圖3－102

以上三動連起來即為「鷂子翻身」。

（4）兩手一齊合力翻擰回拉（*左翻右擰*）。同時，左腳略撤，身略含蓄。

（5）不停，一翻擰即進，腳沖蹬跟。兩手一齊合力向前發出。

5、鷂形回身

以打出左鷂形（圖3－102）時回身為例。

（1）右腳撤擺。

（2）右後轉身（*由向東轉到向西*）；同時，左腳進到右腳前。兩手走下弧向前上托出。右腳略跟。此時面向西（圖3－103）。

（3）兩手一齊合力翻擰回拉（*左翻右擰*）。同時，左腳略撤，身略含蓄（圖3－104）。

（4）不停，一翻擰即進，腳沖蹬跟。兩手一齊向前發出（*面向西*）（圖3－105）。

圖3－103　　　　　圖3－104　　　　　圖3－105

6、鷂形收勢

打回原地，打到左鷂形，回身，再打出左鷂形，撤回左腳，立正收勢。

第九節　鷹　形

形意拳理論講：「把把不離鷹抓。」形意各拳均含鷹抓，不單鷹形為然。譜云：「咬牙切齒，敵肉可食；手攫足踏，氣力兼雄。」

鷹形動作大分為二：(1)提步橫拳，(2)拗步鷹抓。

約定：定勢時左腳在前的稱為「左鷹形」，反之稱為「右鷹形」。

1、立正起勢

同龍形（面東），向右前墊步成併步。兩拳覆置臍。

2、左鷹形

(1)原地打出提步左橫拳，同側左膝提打。右擰腰（圖3-106）。

(2)右手從左手上穿出，兩手同時變掌，掌心向前下。換身（圖3-107）。

(3)緊接上式，向左前沖蹬跟。同時左擰腰，兩手一齊捋採至臍變拳（圖3-108、圖3-109）。

【要領】

左腳要有踩踏之勁。

3、右鷹形

(1)左腳向左前墊步，重心偏前左腳。

（2）重心前移，提步右橫拳，同側右膝提打。左擰腰。

（3）左手從右手上穿出，兩手同時變掌，掌心向前下。換身。

（4）緊接上式，向右前沖蹬跟。同時，右擰腰，兩手一齊捋採至臍變拳。

【要領】

右腳踩踏之勁。

圖3－106

圖3－107

圖3－108

圖3－109

4、左鷹形

(1)右腳向右前墊步，重心偏前右腳。

(2)重心前移，提步左橫拳，同側左膝提打。右擰腰。

(3)右手從左手上穿出，兩手同時變掌，掌心向前下。換身。

(4)緊接上式，向左前踩蹬跟。同時，左擰腰，兩手一齊抒採至臍變拳。

以上走「之」字形，左右斜走角度大約為20°左右。

5、鷹形回身

設打出右鷹形（圖3-110）時回身。

(1)右腳扣墊。同時，左後轉身（向西）（同炮、橫）（圖3-111）。

(2)提步左橫拳（圖3-112）。

(3)(4)向左前踩蹬跟，打出左鷹形（圖3-113）。

圖3-110

圖3-111

圖3－112　　　　　　　　圖3－113

6、鷹形收勢（略）

第十節　熊　形

一、動作名稱

第一段　打出（主要向東）

1. 熊形起勢；2. 出洞式；3. 摟膝出洞（進）；4. 入洞式；5. 托掌（轉身）；6. 摟膝（退）；7. 進步崩；8. 退步崩；9. 順步崩；10. 武松錶打；11. 餓虎撲食；12. 入洞式；13. 上步鑽；14. 進步劈；15. 轉身豎肘；16. 錶打挄手；17. 上步掖掌。

第二段　打回（主要向西）

18. 出洞式；19. 摟膝出洞（進）；20. 入洞式；

21. 托掌（轉身）；22. 摟膝（退）；23. 進步崩；24. 退步崩；25. 順步崩；26. 武松鋯打；27. 餓虎撲食；28. 入洞式；29. 上步鑽；30. 進步劈；31. 轉身豎肘；32. 鋯打抒手；33. 上步掖掌；34. 出洞式；35. 立正收勢。

二、動作說明

第一段　打出

1、熊形起勢（很複雜）

（1）面南立正。屈肘，兩手提起成仰八字掌，兩小臂夾腰（圖3－114）。

（2）向前偏左（即南偏東）進步成併步（*右蹬左沖再右跟*）。與蹬沖同時，兩手交叉著向進步方向打出，相交時為仰，打出時為覆（圖3－115）。

（3）左腳蹬地，右腳向右後（即西南）撒一步。身右擰，打一個抒手掖掌（*右手抒、左手掖*），但右手出去高與胸齊（圖3－116）。

圖3－114　　　　圖3－115　　　　　　圖3－116

圖3－117

圖3－118

圖3－119

（4）右腳收到左腳正西成騎馬勢。身再轉向南，兩手撐腿（圖3－117）。

（5）不停，兩手撐腿後在身體兩側，同時繞圓下按至臍（圖3－118）。

2、出洞式

（1）左腳撤到右腳處成併步。同時，兩手在兩側弧形抬起變拳，再兩小臂在胸前相夾，兩手握拳，拳背向前（即東南），此式也叫「虎抱頭」（圖3－119）。

（2）左腳向正東邁一步。同時，兩拳在身體前後分栽（自然勁），左肩向左前靠勁。沉肩豎項，肘撐圓（圖3－120）。

圖3－120

3、摟膝出洞（進）（向東）

（1）重心前移，右腿提。身左擰，右拳貼著右小腿外側劃向前中，左拳後擺（圖3－121）。

（2）右腳向前落步，重心前移，左腿提。身右擰，左拳貼左小腿外側劃向前中，右拳後擺（圖3－122）。

（3）左腳向前落步，重心後坐。同時，左拳走後弧貼胸下按，右拳走左拳前，沿前弧線上架，兩腕對挽，右小臂橫。身略左擰正（圖3－123）。

4、入洞式（轉向西）

（1）前腳略墊，重心前移至左腳。左手變掌抬擰，右手變掌穿到左小臂下。身左擰（圖3－124）。

（2）右後轉身，打挎手掖掌（轉向西），是為入洞式（圖3－125）。

圖3－121

圖3－122

5、托掌（轉身）（轉向東）

（1）身左後轉向東，右手半落。不停，重心移向前左腳。

（2）不停，右腳進到左腳前（即東），左腳蹬、跟。腰左擰，右手向前打出托掌，掌心向前上；同時，左手掌捋撐（圖3－126）。

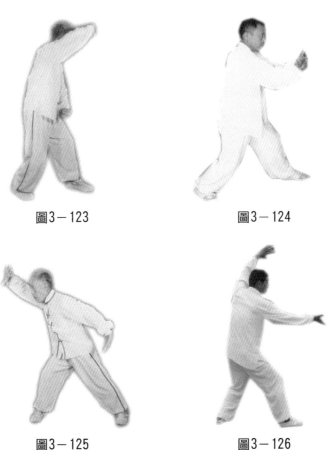

圖3－123　　　　　　　　圖3－124

圖3－125　　　　　　　　圖3－126

6、摟膝（退）

（1）右腳撤提。同時，右手變虛拳貼右小腿外側劃後，左手變虛拳半落（圖3－127）。

（2）右腳撤落，左腳撤提。同時，左虛拳貼左小腿外側劃後，右拳收於腰間（圖3－128）。

7、進步崩

8、退步崩

9、順步崩（圖3－129）。

以上三崩見「五行進退連環拳」。

10、武松鐓打

（1）由上面的順步崩拳，左手抓住右手腕部；同時，

圖3－127

圖3－128

右手變立掌（圖3－130）。

（2）右腳撤跳到與左腳齊，左腳提起成右提步。同時，兩手合力，奮力拉回至臍。身含蓄（圖3－131）。

11、餓虎撲食（向東）

由上式，向前沖蹬跟，打一個虎撲（圖3－132）。

圖3－129   圖3－130

圖3－131   圖3－132

12、入洞式（轉向西）

（1）前左腳略前墊，重心前移至左腳。左手擰成掌心向上，右掌穿到左小臂下。身左擰（如圖3－124）。

（2）右腿蹬直。右後轉身，打拴手掖掌（轉向西），叫做入洞式（圖3－133）。

13、上步鑽（向西）

由上入洞式，直接向前（即西）上左步打一個左鑽拳（圖3－134）。

14、進步劈（向西）

接上式，再墊步，打一個進步右劈拳（向西）（圖3－135）。

15、轉身豎肘（轉向東）

身左後轉，右手半落。重心前移，上右步，左腳再跟。身左擰。左手搬住右手，發右肘（圖3－136）。

圖3－133

圖3－134

16、銙打捋手（向東）

緊接上動，身步跳換，成左前右後的半馬步。同時，右手捋採，左掌下塌（圖3－137）。

17、上步掖掌（向東）

左腳墊步，沖蹬跟。向前打出左架右掖掌，左肘圓，右掌外緣向前，身左撐（圖3－138）。

圖3－135

圖3－136

圖3－137

圖3－138

第二段　打　回

18、出洞式（向西）

（1）身左後轉；同時，左腳撤與右腳併。同時，兩小臂在胸前相夾，兩手推拳，拳背向外，即「虎抱頭」。此時轉向西（略偏北）（圖3－139、圖3－140）。

（2）左腳前邁一步。同時，兩拳在身前後分栽（不用力）。沉肩豎項，肘撐圓（圖3－141）。

以下各動參考第一段說明，至「34.出洞式」時回到原出發地又面向東，再撤回前左腳，立正收勢。

圖3－139

圖3－140

圖3－141

第十一節 鮎 形

鮎形的步法同炮、橫、虎、馬，手法正好與馬形上下相反對稱。

約定：定勢時左腳在前稱為「左鮎形」，反之稱為「右鮎形」。

1、左鮎形

（1）立正起勢同炮、橫、虎、馬，向右前墊步成右鴛鴦樁，兩手覆拳塌在肚臍處（面東）。

（2）步不動，身扭向左前。與扭身同時，兩手變八字掌在胸前左外右內相搭舉至頭前上，再外開，各劃半圓落下至腹仰拳停住，兩小臂、肘夾脅。頭身略向右前偏讓，眼神隨手，先往前上看，再往前下看（圖3－142、圖3－143）。

圖3－142

圖3－143

【要領】

本動近似於連環拳中的「白鶴亮翅」，兩手劃圓要鬆肩，用後腰開，圈要圓滿。開時身略展，合時身略含。兩手劃圈要有撐挎化之意。

(3)向左前沖蹬跟，雙拳一起打出平腹。打時兩臂肘要夾著脅，臀腰向前逼擠（圖3－144、圖3－144正面）。

2、右鮐形

(1)向左前墊步成左鴛鴦椿。同時，身扭向右前，與扭身同時，兩拳變八字掌在胸前右外左內相搭舉至頭前上，再外開，分劃半圓落下至腹仰拳停住，兩小臂、肘夾脅（圖3－145、圖3－146）。

【要領】

兩手劃圈要有撐挎化之意。頭身略向左前偏讓。其他要領同前。

(2)向右前沖蹬跟。雙拳一齊打出平腹，打時兩臂、肘要夾著脅，臀腰向前逼擠（圖3－147）。

圖3－144 　　　　　　圖3－144正面

3、鮐形回身

設打出左鮐形時回身（如圖3－144）。

（1）身右後轉、左腳扣步、右腳撤提成左鴛鴦椿，同炮、橫、虎、馬各拳，手法同如前所述的「白鶴亮翅」。此時面向右前（即西北）（鮐形回圖3－148、圖3－149）。

圖3－145

圖3－146

圖3－147

圖3－148

圖3－149

（2）向右前打出右鮐形（圖
3－150）。

4、收勢（略）

鮐形的墊步白鶴亮翅動作，似
可用「金蟬脫殼」一詞形容之。

第十二節　蛇　形

圖3－150

蛇形走略帶「之」字形（10°
～20°）的路線，其技擊含義為肩
打，前肩之擺挑勁，要源於後腿之蹬及腰身之擰擺。

1、立正、劈拳起勢成左三體勢（面東）。

2、右蛇形。

（1）**蛇蟠勢**：由左三體勢，向左前墊步成左鴛鴦椿。
同時，身左扭，右手先在右前舉起，再從左腋下插到左胯
後；左手回置於右臉外，掌背對臉，蓄勢；右肩有鑽到左
腋下之意。身體儘量下蹲（圖3－151）。

（2）**挑打**：向正前沖蹬跟，催動身起，腰身略右擰
展。右肩臂手向前上擺挑，勢成時右手齊腹高，掌心向
左；同時左手下按至腹，兩手要由身帶著，打出上下相對
的勁（圖3－152）。

3、左蛇形

（1）**墊步**：由前面的右蛇形勢，向右前墊步成右鴛鴦
椿。同時，身右扭，左手先在左前舉起，再從右腋下插到
右胯後；右手回置於左臉外，掌背對臉，蓄勢；左肩有鑽

到右腋下之意。身體儘量下蹲（圖3－153）。

（2）**挑打**：上式略定，即向左前沖蹬跟，打出左蛇形。身由伏到起，腰身略向左擰展，左肩臂手向左前上擺挑，勢成時左手齊腹高，掌心向右；同時，右手下按至腹，兩手要由身帶著，打出上下相對的勁（圖3－154）。

蛇形只有第一次蓄勢用蛇蟠勢，以後各次均用墊步鴛鴦椿。以下再向左前墊步，向右前打右蛇形，如此交替練習。

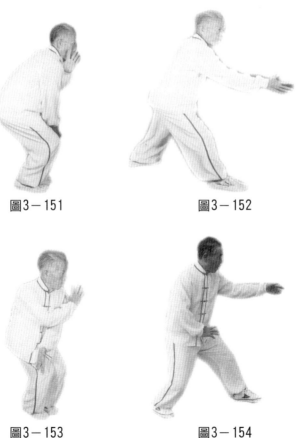

圖3－151　　　　　　　　圖3－152

圖3－153　　　　　　　　圖3－154

4、蛇形回身

設打出左蛇形時回身。

（1）身右後轉、左腳扣步、右腳撤提成左鴛鴦樁，同時，左手回右臉外，右手插道左胯後（圖3－155）。

（2）在向右前（即西略偏北）打出右蛇形（圖3－156）。

5、蛇形收勢（略）

【技擊】

設敵将採我的右手臂，我手臂隨敵将採方向前送；同時用右肩抖撞敵身，左手蓋敵面。

圖3－155

圖3－156

第四章　綜合套路

第一節　龍形八式拳

一、動作名稱

第一段　預備（向東）

1. 立正起勢；2. 劈拳。

第二段　打出（向東）

3. 伏虎蹲捶；4. 順步炮拳；5. 進步崩拳；6. 退步崩拳；7. 順步崩拳；8. 白鶴亮翅；9. 拗步炮拳；10. 熊形；11. 退步鷹抓；12. 沖步橫拳；13. 沖步踢打；14. 落步順崩；15. 白鶴亮翅；16. 跳步炮拳；17. 上步鑽拳；18. 回身鑽拳；19. 抒手掖掌；20. 燕子抄水；21. 勒馬式。

第三段　打回（向西）

22. 伏虎蹲捶；23. 順步炮拳；24. 進步崩拳；25. 退步崩拳；26. 順步崩拳；27. 白鶴亮翅；28. 拗步炮拳；29. 熊形；30. 退步鷹抓；31. 沖步橫拳；32. 沖步踢打；33. 落步順崩；34. 白鶴亮翅；35. 跳步炮拳；36. 上步鑽拳；37. 回身鑽拳；38. 抒手掖掌；39. 燕子抄水；40. 勒

馬式。

第四段　結束（向東）

41. 伏虎蹲捶；42. 順步炮拳；43. 進步崩拳；44. 退步崩拳；45. 立正收勢。

二、動作圖解

第一段　預備（向東）

1、立正起勢（略）

2、左劈拳（圖4－1）

第二段　打出（向東）

3、伏虎蹲捶

(1)左肩臂鬆，由腰帶動，整體沿順時針（由練者看來）繞一個小圈按下（圖4－2）。

(2)重心前移，右腳提踩，橫落到左腳前成坐盤步。同時，身左擰，右手握拳向前下打去，拳心向上（圖4－3）。

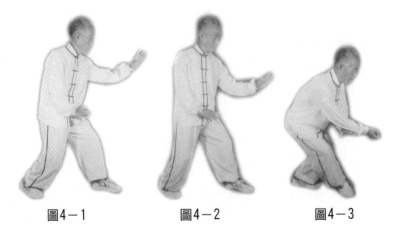

圖4－1　　　　　圖4－2　　　　　圖4－3

圖4－4

圖4－5

4、順步炮拳

由上式，重心略前移，右蹬左沖，打出左手順步炮拳。（圖4－4）

由上，右拳向後繞落右腰際，再接：

5、進步崩拳

6、退步崩拳

7、順步崩拳

8、白鶴亮翅

9、拗步炮拳（圖4－5）

以上參看五行連環拳說明。

10、熊　形

即熊肘。步不動，腰左擰，向正前打出右肘；同時，左拳收至右肘裡下（圖4－6）。

圖4－6

131

11、退步鷹抓

(1)緊接上式，左拳從右小臂後穿至右拳前上，兩拳一齊變掌，掌心相對。身及右腳半撤（圖4－7）。

(2)右腳後撤一大步到左腳後，左腳隨著蹬地跟撤半步。同時，由左腳蹬勁催動兩手一齊弧線採挒至肚臍處變拳，凹身（圖4－8）。

12、沖步橫拳

不墊步，直接向左前沖蹬跟、擰調。打出右手橫拳（圖4－9）。

13、沖步踢打

即「龍虎相交」。

(1)左腳向前墊步，重心偏於前左腳。

(2)左腳支撐，右腳提蹬，高齊腹。同時，手右拉左沖打出左崩拳。腰略右擰正，右腳蹬、左腳趾抓地用勁（圖4－10）。

圖4－7　　　　　　　圖4－8

14、落步順崩

右腳向前進落，左腳隨之略跟。同時手左挽右沖，打出右手順步崩拳（圖4－11）。

15、白鶴亮翅

此動與前面的「白鶴亮翅」有一點不同，就是做「吸胸剪手」時，右腳撤到左腳處成併步（圖4－12）。

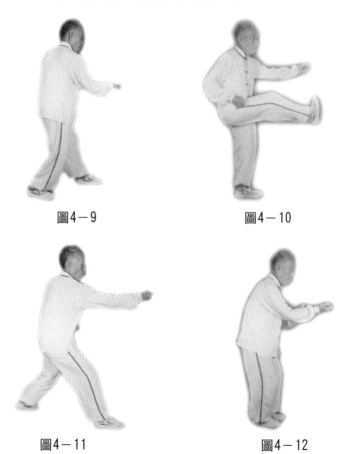

圖4－9　　　　　　圖4－10

圖4－11　　　　　　圖4－12

16、跳步炮拳

緊接上式。由上併步剪手式，兩腳一齊用力蹬地跳起，身右擰調，腳左前右後分，同時落地。手右架挌左沖，打成左手順步炮拳（圖4-13、圖4-14）。

17、上步鑽拳

（1）左腳向前墊步，重心偏前左腳。同時，右拳後繞落於右腰際。

（2）向前沖蹬跟。打出右鑽拳（圖4-15）。

18、回身鑽拳

身左後轉打出左鑽拳，要領同鑽拳回身，此時向西（圖4-16）。

19、挌手掖掌

身右後轉，左腳蹬，打挌手掖掌。具體說明參看「雞

圖4-13

圖4-14

形四把」。此時面東（圖4－17、圖4－18）。

20、燕子抄水

（1）身左後轉向西，右手微落。

（2）重心前移，右腳進，與左腳成併步。同時，腰左擰，右手仰掌向左手下插去，左手覆置右小臂上（圖4－19）。此即「雞形四把」中的「併步掖掌」，技擊含義為插襠。

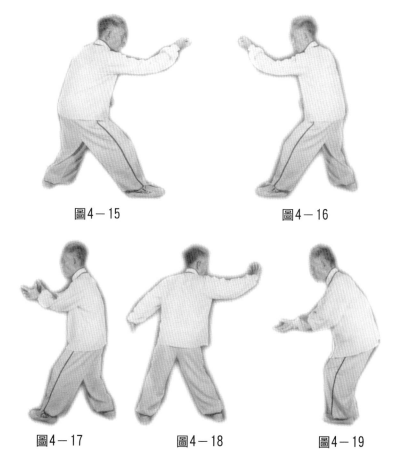

圖4－15　　　　　　　　　　圖4－16

圖4－17　　　　　圖4－18　　　　　圖4－19

21、勒馬式

即「雞形四把」中的「撤步橫掌」。技擊含義為扯襠（圖4－20）。

第三段　打回（向西）

22. 伏虎蹲捶～40. 勒馬式，詳細說明看「第二段」。

此時練習者又打回出發地，且面向東。

第四段　結束（向東）

41. 伏虎蹲捶～44. 退步崩拳，參看「第二段」說明。

45. 立正收勢同「五行進退連環拳」的收勢。

圖4－20

第二節　雜式捶

據樊宜興師叔講，老拳譜上叫「閘勢捶」，我師爺樊瑞峰以前認為應稱為「雜式捶」，到晚年，再次反思，覺得確實應當叫做「閘勢捶」。「閘」字並非前人筆誤，而是自有其深意，即寓意此套拳在實用時滴水不漏，顧打嚴

密，像閘門擋水，使敵方沒有絲毫可乘之機。

雜式捶由五個來回組成，這裡稱為「五趟」。前四趟往回倒都是用「倒攢猴」。

一、動作名稱

第一趟

1. 立正起勢；2. 虎抱頭；3. 熊出洞；4. 順步炮拳；5. 倒攢猴；6. 吞龍口。

第二趟

7. 捋手；8. 進步崩拳；9. 沖步崩拳；10. 白鶴亮翅；11. 拗步炮拳；12. 砸石捶；13. 順步炮拳；14. 倒攢猴；15. 吞龍口。

第三趟

16. 斜步鷂形；17. 跳退猴形；18. 燕子抄水；19. 箭步崩拳；20. 退步崩拳；21. 沖步崩拳；22. 白鶴亮翅；23. 拗步炮拳；24. 砸石捶；25. 順步炮拳；26. 倒攢猴；27. 吞龍口。

第四趟

28. 斜步鷂形；29. 猴形.斜步鮐形（3個）；30. 烏龍取水；31. 順步炮拳；32. 沖步橫拳；33. 踢打；34. 落步崩拳；35. 白鶴亮翅；36. 拗步炮拳；37. 砸石捶.38. 順步炮拳；39. 倒攢猴；40. 吞龍口。

第五趟

41. 捋手；42. 二龍出水；43. 二龍出水；44. 回身鼉形；45. 上步鷂形；46. 回身墊步；47. 順步炮拳；48. 立

正收勢。

二、動作圖解

假定每一趟的「往出打」為向東。

第一趟

1、立正起勢（面南）

2、虎抱頭

3、熊出洞（面東）（圖4－21）

以上三勢同熊形套路中的「1.熊形起勢，2.出洞式」，不另說明。

4、順步炮拳

（1）摟膝，左腳向前略墊，重心前移至前左腳，右腿提。身左擰，右臂垂著，右拳貼著右小腿外側劃向前中，左拳收於左腰間（圖4－22）。

（2）緊接著，右腳向前半步墊落，重心在前右腳。

（3）緊接著，右蹬、左沖、右跟。向前（即東）打出左手順步炮拳。注意右擰腰調肩（圖4－23）。

5、倒攆猴

（1）由上面的左手順步炮拳式，右腳略撤，左腳跟撤。同時，身左擰含，右小臂外擰裏化，右手成仰八字掌，左手翻收於左腰間成覆八字掌；同時，身往右側略讓，重心偏右後腳（圖4－24）。

（2）再左腳撤到右腳後（即西）。同時，身右擰含著往左側略讓開，左小臂弧形裏化成仰掌，右手弧形翻收於右

腰間成覆掌，兩手仍為八字掌。重心偏於後左腳（圖4－25）。

（3）再右腳撤到左腳後。同時，身左撐含並往右側略讓開，右小臂弧形裹化成仰，左手弧形翻收於左腰間成覆。重心偏於後右腳。

（4）同（2）。

（5）同（3）。

圖4－21　　　　圖4－22　　　　圖4－23

圖4－24　　　　　　　圖4－25

以上連退五步，步退、身斜含、手臂裹化，與敵不即不離，令其見之似有而抓之似無，謂之「倒攆猴」者，亦可謂名副其實矣。1932年，師爺在天津一次擂臺比賽時，第二回合，對方用連環崩拳，我師爺用倒攆猴，估計退到台邊時，回頭看了一下，然後用了一個捋手（即「黑虎掏心」）將對方捋出界，撞到明柱上。

6、吞龍口

緊接上式，左手移到胸前右手之上，兩手均握拳，左裡右外用身勁，上下對挽，左覆拳在臍，右仰拳在額，正身（圖4-26）。

第二趟

7、捋手

（1）緊接上式，左拳從懷裡上移至右拳前上，右拳微落，兩拳一齊變掌，掌心相對。

（2）腳左蹬、右撤、左跟撤。同時，兩掌一齊走下弧線採捋至肚臍處變拳，身縮含（圖4-27、圖4-28）。

圖4-26　　　　　　　　圖4-27

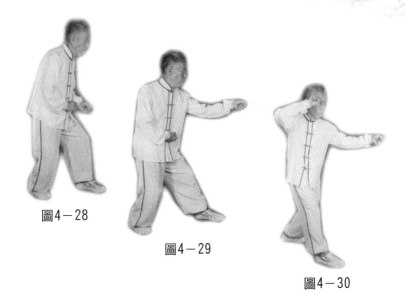

圖4－28

圖4－29

圖4－30

此式也叫做「黑虎掏心」。

8、進步崩拳

緊接上式，腳右蹬、左沖、右跟，腰臀逼擠，右擰腰調膀，向前（即東）打出左手順步崩拳（圖4－29）。

9、沖步崩拳

由上式，左腳先墊半步，再左蹬右沖左跟。腰臀逼擠，左擰腰調膀，向前打出右手順步崩拳。

10、白鶴亮翅

11、拗步炮拳（圖4－30）

以上二式見「連環拳」。

12、砸石捶

由上面的拗步炮拳式，右腳撤到左腳處成併步。同時，身左擰、蹲，右拳在身前中砸下，拳外緣向下；同

時，左拳仰收於左腰（圖4－31）。

此式也喚做「老君打鐵」。

13、順步炮拳

由上式，右腳蹬，左腳進一步，右腳不跟。身右擰調，打成左手順步炮拳（圖4－32）。

14、倒攆猴（圖4－33）

15、吞龍口（圖4－34）

以上二式說明見前。

圖4－31

圖4－32

圖4－33

圖4－34

第三趟

16、斜步鷂形

(1)左腳向左前（即東北）墊半步。右手略向右後下落，兩拳均變八字掌。重心偏左腳。眼看左前。

(2)右腳外橫著，右膝跟提。同時，左擰身，右八字掌向左前仰穿，左手也成八字掌覆置右腋下。眼看左前（圖4－35）。

此式亦稱為「白猿獻桃」，意為頂襠、扎眼。

17、跳退猴形

由上式，左腳蹬地，身向右後跳退一步成右獨立式。同時，前右手走下弧線刁回至身右後上成刁手；同時，左掌立置胸前。眼看正前（即東）（圖4－36）。

18、燕子抄水

由上式，右腳蹬地，向正前跳步仆身前穿，右手為鷂手，其他說明見燕形（圖4－37）。

圖4－35

圖4－36

圖4－37

19、箭步崩拳

(1)由上面仆步。身前起，右手握拳。右腳墊步到左腳前，右腳奮力蹬地，送身前躍，仍為右腳先落地（圖4－38）。

(2)再右蹬左沖右跟，打出右手崩拳（圖4－39）。

20、退步崩拳

21、沖步崩拳

22、白鶴亮翅

23、拗步炮拳

以上四式見「連環拳」。

24、砸石捶

25、順步炮拳

26、倒攆猴

27、吞龍口

以上四式說明見前。

圖4－38   圖4－39   圖4－40

第四趟

28、斜步鷂形（圖 4−40）。

動作說明見前。

29、猴形、斜步鴿形（3 個）

（1）由斜步鷂形式，右腳向右後（即西南）撤一步，左腳跟撤成併立步，重心在後右腳。同時，兩手一齊順後撤方向刁採變勾手（圖 4−41）。

（2）右腳蹬地，左腳向左前方進一步。同時，身左擰，兩掌十指相對，一致向左前上托擊，兩手臂撐圓，掌心向外上。眼看左前上（圖 4−42、圖 4−42 正面）。此式也叫做「推窗望月」。

（3）再右腳不動，左腳蹬撤成併立步，重心在後右腳，身向右後撤縮。同時，兩手一齊順後撤方向刁採變勾手。身右擰。眼神收回。同（1）

（4）同（2）。

（5）同（3）。

圖 4−41　　　　圖 4−42　　　　圖 4−42 正面

（6）同（4）。

30、烏龍取水

（1）由上式，左腳移墊扣落於身正前（即東）。同時，身右擰，左手在身前覆按，左肘垂；同時，右手變拳收於右腰（圖4－43）。

（2）重心前移，右腳提踩，橫落到左腳前成坐盤步。同時，身左擰、右拳向前下打去，拳心向上（圖4－44）。

此式即「伏虎蹲捶」。

31、順步炮拳

由上式，重心前移，右蹬左沖。向前，打出左手順步炮拳。

32、沖步橫拳

由上式，直接向左前（即東略偏北）沖蹬跟。打出右手橫拳。

33、踢打，即「龍虎相交」。

34、落步崩拳

圖4－43

圖4－44

35、白鶴亮翅

36、拗步炮拳

以上各式見「龍形八式」套路同名各式說明。

37、砸石捶

38、順步炮拳

39、倒攆猴

40、吞龍口

以上各式說明見前。

第五趟

41、捋手（同動作7）

42、和43、二龍出水（動作同8和9）。

44、回身鼉形

（1）由上面的右順步崩拳式，身左後轉約135°；同時，左腳往後（即西）略墊。

（2）兩手變八字掌，先一起走下弧揮向身後（即西）、再一起走上弧揮向身前（即東），共走一立圓形。同時，右腳邁到左腳後（即西）橫落成交叉步，重心在右腳，左腳跟略欠起。雙手向後揮時身再右轉約90°。頭後扭、眼回視（圖4－45）。

此式也叫「風擺荷葉」。

圖4－45

45、上步鷂形

（1）再身左轉約45°。同時，右蹬左沖右跟。向前打出一個左橫

掌齊腹。頭左轉回，眼視前（即西）（圖4－46）。

（2）再左腳向前墊半步，再左蹬右沖左跟。向前（即西）打出右手鑽掌（圖4－47）。

46、回身墊步

（1）左轉身，同時腳右扣、左外扭成騎馬式（面南）。同時，右手在身前走上弧線至身左，兩臂交叉，右外左內

圖4－46　　　　　圖4－47

圖4－48　　　　　圖4－49

（圖4－48）。

（2）不停，身下蹲成右仆步。同時，兩手分走下弧線至兩大腿外側。身略扭向偏左（即東）（圖4－49）。

（3）上式微停，右腳邁到左腳前（即東）跳落，左腳跟提成右鴛鴦樁。身左擰，面朝正東；同時，右掌變拳先自然下擺後鑽，左掌變拳仰置於右肘裡下，兩肘垂夾（圖4－50）。

47、順步炮拳

右蹬左進（不跟步），擰調。向正前（即東）打成左手順步炮拳（圖4－51）。

48、立正收勢

撤回左手左腳，兩腳併，起立。兩手臂在體測各環繞半個圓，再兩手下按、身略蹲，收勢。

圖4－50   圖4－51

車氏樊系形意拳

第三節　綜合形意拳

（王文彬編）

目　錄

第四節　其他套路

一、五行聯拳

立正起勢，劈拳，劈拳，鑽拳，崩拳，炮拳，橫拳，劈拳回身，下接劈拳還原，立正收勢。

二、五行尅拳

立正起勢，劈拳，進步崩拳，順步炮拳，退步橫拳，撤步掖掌，撤步鑽拳，上步劈拳，上步鑽拳，回身劈拳，下接劈拳還原收勢。

三、新式進退連環拳

立正起勢，劈拳，出馬三箭，白鶴亮翅，拗步炮拳，退步鑽拳，鷹熊合式，鼉形掌（左右），出馬三箭，白鶴亮翅，拗步炮拳，退步鑽拳，鷹熊合式，鼉形掌（左右），進步崩拳，回身狸貓倒上樹，下接劈拳還原，立正收勢。

四、十二連捶

立正起勢，虎抱頭、老劈拳（三門劈），上步劈拳，上步鑽拳，跳步炮拳，蛇形，烏龍絞柱，降龍伏虎，落步崩拳，踢打，落步炮拳，白鶴亮翅，跳步炮拳，猴形，踢打，落步崩拳，白鶴亮翅，拗步炮拳，鼉形，鷂形回身，下接三門劈拳，還原收勢。

五、十二混捶

立正起勢，劈拳，伏虎蹲捶，順步炮拳，左右龍抱柱，出馬三箭，白鶴亮翅，拗步炮拳，鮐形，馬形，馬形，蛇形，烏龍絞柱，鷂形回身，伏虎蹲捶，左右龍抱柱，下接出馬三箭，還原，立正收勢。

六、演手拳

立正起勢，開門側掌，扣步合掌，鳳凰雙展翅，白馬獻蹄，白蛇吐信，青龍出水，出馬三箭，龍蹲虎坐，反背拳，旋風腳，單舞花炮，左右沖天炮，鷂手下勢，十

字掌，二起腳，舞花炮（左右），龍蹲虎坐，坐盤馬形掌（三個），順步炮拳，鷂形（左右），舞花，白馬獻蹄，擺腿，青龍出水，出馬三箭，蹲捶，退步鳳凰雙展翅，刁手單鞭，七星不落地，炮拳，舞花，白馬獻蹄，立正收勢。

七、演手拳另一譜

立正起勢，大開門，托門掌，扣步合手，鳳凰雙展翅，白馬獻蹄，蛇形掌（4個），倒踢腳，斜炮拳，進步崩，退步崩，進步蹲，退步龍形反背掌，旋風腳，舞花炮，虎坐，坐盤馬形（3個），順步炮，鷂形，舞花，白馬獻蹄，鷗手擺腿斜炮拳，進步崩，退步崩，進步蹲捶，退步鷗手單鞭，七星不落地，白馬獻蹄，收勢。

第五章　器　械

第一節　武松棍

一、動作名稱

第一段

1. 立正起勢；2. 弓步紮；3. 挑打；4. 騎馬勢豎棍；5. 換把；6. 後起腳；7. 偏門頂；8. 弓步蹾；9. 打花.提步掛；10. 扣把；11. 熊出洞（4個）；12. 騎馬勢；13. 劈棍；14. 折步跳打（3個）；15. 小架。

第二段

16. 七星步、金雞獨立；17. 踢右腳；18. 打花、回馬槍（4個）；19. 旋風腳、劈打；20. 撤步小架；21. 上步掛；22. 打花、弓步橫；23. 挑架；24. 後退左右護腿；25. 豎棍；26. 左掛挑；27. 右掛挑；28. 轉身下刺；29. 提步掛；30. 落步劈；31. 上步砸；32. 打花、坐盤（背棍）；33. 翻身俯步砸；34. 前紮後盾；35. 打花、蘇秦背劍。

第三段

36. 跳步下砸；37. 偏門頂；38. 轉身回環刺；39. 前
紮後盾；40. 轉身上步小架；41. 撤步劈打；42. 坐盤豎
棍；43. 弓步紮；44. 挑；45. 打花. 大刀法；46. 打花、
坐盤（背棍）；47. 翻身俯步砸；48. 前紮後盾；49. 打花
收勢。

二、動作圖解

仍假設每一段出時往東，回時往西。

第一段

1、立正起勢

（1）面朝南立正站立，右手自然下垂持棍中部，棍身
緊靠右腿外側，前後斜立著，後面棍根拄地。

（2）右手將棍提起，另立於身前一臂遠處。

（3）先上右步、再上左步，身再次與棍對齊，曲臂持
棍，使棍緊靠右腿豎
立（圖5-1）。

（4）原地右擰頭
腰身，左手隨擰身變
立掌置於右肩下，掌
心向右（圖5-2）。

（5）再腰身頭
左擰，左手隨擰身
向左（即東）走橫
前弧打一橫掌，眼隨

圖5-1　　　　圖5-2

圖5—3　　　　　　圖5—4

左手（圖5—3）。

2、弓步紮

右腳蹬地，左腳前邁成弓步（向東）。同時，腰身再左擰，右手推壓將棍向前紮出，左手收回右脅處托握棍後部（圖5—4）。

3、挑打

步原地不動，腰身右擰；同時，右手走上半圓勾拉，左手走下半圓推託，使棍尾倒轉半個立圓向前上挑出，此時棍身平，根前梢後（圖5—5）。

4、騎馬勢豎棍

上右步扣落且左轉

圖5—5

身180°向北成馬步。隨上步轉身，左右手繼續走倒立圓，使棍貼身倒轉270°豎於胸前（圖5－6）。

5、換把

兩手交換把位，先左手移握右手上緊靠右手處，再右手移握下把位。

6、後起腳

重心後移，左腳獨立，右腳從左腿後向後（即西）撩踢。同時，兩手撥棍，使棍前端擊右腳底。左扭頭回看（圖5－7）。

7、偏門頂

左腳蹬地，右腳前邁（前即東）成弓步。同時，兩手持棍一齊向前上推出，棍在頭上後高前低，後偏左（北）、前偏右（南），此時梢在後，根在前（圖5－8）。

本勢有顧打合一之意：棍身推擋對方器械，同時下面棍根點打對方身體。

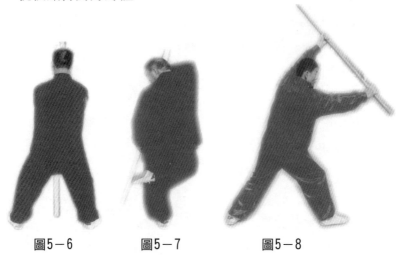

圖5－6　　　圖5－7　　　圖5－8

8、弓步蹾

（1）左腳撤一步，再右腳跟著撤提。身略左擰，與左腳撤同時，兩手將棍走上半個立圓拉回身後平胸。

（2）再左腳蹬，右腳前邁成弓步。同時，身略右擰，將棍平著貼身向前蹾出（圖5－9、圖5－10）。

棍梢豎擊為「紮」、棍根豎擊為「蹾」，棍梢橫擊為「劈」，棍根橫擊為「砸」。

此節第一動為「化」，第二動為「打」。

9、打花、提步掛

（1）重心後移、右腳後撤半步。同時，身略左擰，右手往左後拉，左手往前上推，使棍身在身左貼身正轉半圈，此時棍前後平，梢前根後，兩臂交叉，右手在左腋後。

（2）提右腿。右擰腰，左手將棍梢走下半圓向右挑起。

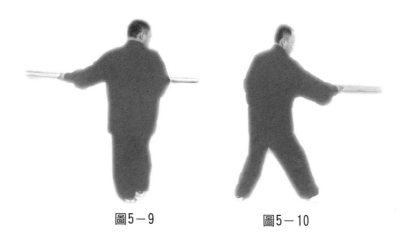

圖5－9　　　　　　圖5－10

（3）右手將棍根貼身拉向右脅；同時左手將棍梢在身前劃一個逆時針大圓（練者看來），再次向右前上挑起。梢往左時左擰腰，梢往右時右擰腰。棍梢挑起時，左腳進步，右腳略跟，成拗弓步。此時左手擰成小指朝天（圖5－11、圖5－12）。

以上三動要一氣呵成。

10、扣把

左手改為反手握棍（圖5－13）。

11、熊出洞（4個）

（1）向左前，腳左進右跟成左提步。同時，左擰腰，左手壓拉提，右手提推壓，使棍絞上半個正立圓，棍身橫於身左，根前梢後（圖5－14）。

（2）再向右前，腳右進左跟成右提步。同時，右擰腰，右手壓拉提、左手提推壓，使棍絞上半個正立圓，棍身橫於身右，梢前根後（圖5－15）。

圖5－11　　　　　　　圖5－12

(3)同(1)

(4)同(2)

12、騎馬勢

承上節第四動，左轉身135°向北，隨轉身左腳撤一步，隨之右腳原地扣成馬步。同時，左手再壓拉提，右手再提推壓，使棍絞上半個螺旋，棍身橫於左脅，根前梢後（圖5－16）。

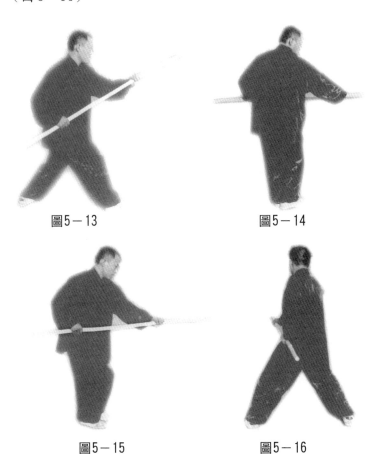

圖5－13

圖5－14

圖5－15

圖5－16

13、劈棍

步不動，左手離棍向左上劃弧揮出；同時，右手將棍向右（即東）劈下。頭右扭，向東看（圖5-17）。

以上第12、13節要緊連。

圖5-17

14、折步跳打（3個）

由上式，重心略後移至左腳，再左腳一蹬地，身折步向西跳撤仍成馬步。同時，右手在身前劃一個正立圓，將棍先倒勾回再向前劈出，而左手在身前劃一個倒立圓，先與右手在胸前交叉再揮向左後。

折步就是兩腿在空中交叉，右腿在左腿前；落時先落右腳再落左腳。跳起兩手臂相交時要蜷身，落劈時展身（圖5-18）。

15、小架

由上式（見圖5-17），以左腳為軸，右轉身90°向

圖5-18　　　　　　　　　　圖5-19

東，隨轉身右腳撤到左腳後（後即西），左腳跟，隨即抬起成虛步。

　　隨轉撤右手翻手將棍根部上舉；同時，左手托與棍前部，梢前根後，前低後高（圖5-19）。

第二段

16、七星步、金雞獨立

　　由上式，左腳向右開步，走圈，左轉一周。棍梢指向圈的中心。邊走轉邊將棍漸漸落於身後，大約走6步到起點處時成背棍式，右腳在前（即南），此時左腳往右腳前（即東）一墊。

　　身借左轉慣性左擰，左手鬆棍，右手將棍在身前由右向左橫掃一周，左手再接棍前部。同時，右膝提起、左腳獨立。此時面朝東（圖5-20～圖5-23）。

17、踢右腳

　　緊接上式，右腳不落，直接蹬一腳（踢右腳圖略）。

圖5—20　　　　　　　　　　圖5—21

圖5—22　　　　　　　　　　圖5—23

18、打花、回馬槍（4個）

（1）①右腳擺落。同時，身略右擰，右手走下弧拉到左腋後，左手走上弧到前右下，使棍在身左斜著轉大半個正立圈。

②再向右前上左步扣落；同時，身再右擰、左手經右肩外走半個正立圓勾回到胸前，右手走下半圓拉回到右肩

後，使棍梢在身後貼身繞一個大的正立圓，指向前下。

③右腳向右前倒插，同時兩手將棍向前下紮。

④先左腳扣。身右後轉向北，後面棍梢提平。再繼續右轉身向東，且左腳蹬右腳進成弓步。同時，兩手將棍向前（即東）蹾出（圖5-24～圖5-27）。

（2）、（3）同「（1）」

（4）①、②同前。

圖5-24

圖5-25

圖5-26

圖5-27

③右腳向前倒插，並右後轉身180°向北，左腳扣回成馬步。隨著插步轉身，左手走下弧勾回到右腋下，右手走上弧到右腿前，使棍貼身正轉大半圈斜夾於右腋下（圖5−28）。

④馬步不動，左手離棍，右手將棍豎背於右肩後，再左擰身向左（即西）打一個橫掌（圖5−29）。

19、旋風腳、劈打

（1）重心移向左腳，並以左腳前掌為軸左後轉身向南，右腳扣墊到左腳西南。

（2）再打一個旋風腳，左腳先向東踢，再右腳蹬地騰空左後轉身，右腳裡旋踢響左手心，先左腳落地（此時向北），再右腳向東落成馬步。同時，右扭頭，右手將棍從腋下先左擰身抽出再右擰身向東劈下，左手後舉（圖5−30、圖5−31，劈打同圖5−17）。

20、撤步小架

同「15」（如圖5−19）。

圖5−28　　　　　　　　圖5−29

圖5－30　　　　　　　　圖5－31　　　　　　　圖5－32

21、上步掛

（1）由前式（見小架圖），重心前移，左腳落實，同時左手走上半圓到右肩，右手走下半圓到前下，使棍在身右貼身倒轉半圈，棍梢掛回到右肩後。

（2）再上右步扣落。棍轉不停，左手接著走下半圓到前面，右手走上半圓到左腋下，使棍梢再倒轉半圈到身前、棍根到左腋後（圖5－32）。

22、打花、弓步橫

（1）接上勢，左後轉身180°向西，並隨轉身左腳略撤。繼續將棍在身右貼身正轉一個立圓，此時棍梢在前，棍根在右腋後。

（2）再兩手將棍在身前順時針（練者看）轉一個立圓成橫，前半圓時身左擰，後半圓時身右擰。且右腳原地跳步，左腳撤提（圖5－33）。

圖5-33　　　　　　　　　　　圖5-34

(3) 右腳蹬地，左腳向左前（即西南）進落成弓步。腰身左擰；同時，右手勾住棍根部，左手翻手將棍向左橫推出去。眼看正前（即西）（圖5-34）。

23、挑架

先左手將棍梢走下半個小圓勾回到正前上，再兩手配合繼續讓棍梢往身左走一個大的倒斜立圓向前上挑起；同時，右手將棍根從左腋下抽到胸前再弧形上舉。與棍的挑架同時，左腳撤回正前點落（圖5-35）。

24、後退左右護腿

(1) 由上式，提左小腿。略左擰身，將棍在身左正轉半圈，棍根部從前往後掃過左小腿（圖5-36）。然後左腳撤到右腳後。

(2) 再提右小腿。略右擰身，將棍在身右正轉半圈，棍梢部從前往後掃過右小腿（圖5-37）。然後右腳撤到左腳後。

圖5-35　　　圖5-36　　　　圖5-37

25、豎棍

坐身、左腳提點成虛步。同時，繼續將棍轉豎在胸前（圖5-38）。

26、左掛挑

由上式，將棍梢在身左倒轉一圈向前上掛挑。同時，上左步（圖5-39）。

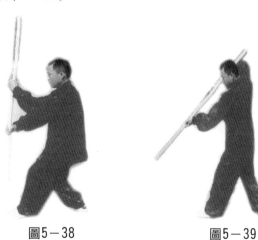

圖5-38　　　　　　圖5-39

27、右掛挑

再將棍梢在身右倒轉一圈向前上掛挑。同時，右腳先提再上步扣落，且左轉身90°向南（圖5－40）。

28、轉身下刺

左腳提，右腳跳扣。身再左轉90°向西；同時，將棍接著剛才掛挑路線正轉大半圓成棍梢向前下（前即西）。再進左步向前下刺出（圖5－41、圖5－42）。

圖5－40　　　　　　　　圖5－41

圖5－42　　　　　　　　圖5－43

【技擊】

刺腳面。

29、提步掛

左腿提收。右撑身，前左手小臂裡撑提回懷中，後右手略外翻壓下至右胯處，使棍梢部向右後上掛（圖5－43）。

30、落步劈

由上式，棍一提掛，即向前落左步，左小臂反撑，右小臂略裡撑劈下，成三體勢椿步（圖5－44）。

【技擊】

向上掛開對方棍，再順對方棍身向下劈手。

31、上步砸

再上右步。左撑身，將棍根部向前砸下（圖5－45）。

32、打花、坐盤

(1)接上動慣性，將棍在身左正轉大半圈成棍梢向下、棍根在左腋後。同時，上左步扣落在右腳右前。

圖5－44　　　　　圖5－45

（2）接著再將棍在身右正轉一圈半，成棍根點地背於右腋後。同時，右腿向前倒插，且身右轉90°向北，下坐成坐盤式。頭向左扭（*左即西*）（圖5-46）。

33、翻身俯步砸

兩腳用力一蹬地。腰一擰，身向右上後翻跳；同時，棍也隨身翻正，向西成俯步砸下。右腿蹲，左腿鋪地（圖5-47）。

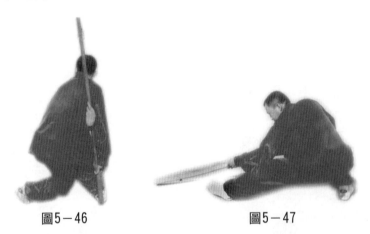

圖5-46   圖5-47

34、前絷後盾

（1）先右腳一蹬地，起身成左弓步。棍向前（*前即西*）絷出。

（2）再右後轉身180°；同時，左腳蹬地成向東的右弓步。棍根向後（*後即東*）一蹾。頭隨身轉（圖5-48、圖5-49）。

圖5－48　　　　　　　圖5－49

35、打花、蘇秦背劍

(1)由上面的「後盾」式，右腳撤到左腳後（後即西）。身略左擰，將棍在身左正轉大半圈，此時棍梢指向前下，棍根在左腋後。

(2)棍轉不停，繼續在身右正轉一圈半背於右腋後。

(3)鑽左拳、提左膝。此時面向東（圖5－50）。

第三段

36、跳步下砸

(1)左手從右肩上反接棍前部，右手離棍。左腳向前落墊，再右腳提起。右手在身前重握棍後部。

圖5－50

（2）左腳用力一蹬地。身向前跳並左撐，棍根部著力成俯步砸下。腿左蹲右鋪（圖5－51～圖5－53）。

37、偏門頂

由上式，左腳一蹬成右弓步。同時，兩手將棍斜向前上托（前即束）（圖5－54）。

38、轉身回環刺、前紮後盾

（1）重心後移到左腿。將棍拉到腦後肩部，左手低右手高。

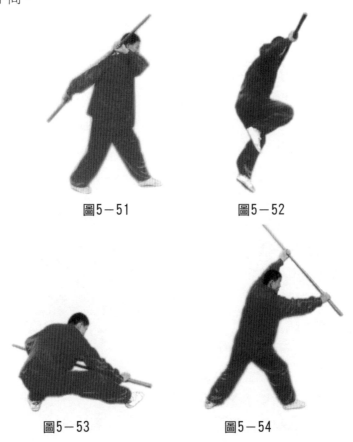

圖5－51　　　　　　圖5－52

圖5－53　　　　　　圖5－54

（2）再重心移到右腿。左手推右手拉，將棍貼後肩轉成左手高右手低，同時，身左轉90°向西、左腳提起。

（3）再右腳跳扣。身再左轉90°向南；同時，將棍從兩手中間偏左手高度摘到身前。

（4）右腳蹬成左弓步前絮（向東）。

（5）左腳蹬並右後轉身成右弓步後蹬（向西）。後蹬前將左手翻正（圖5－55～圖5－58）。

圖5－55　　　　　　　　圖5－56

圖5－57　　　　　　　　圖5－58

此式也叫「纏頭裹腦」。

【要領】

①以上各動要快速連貫。

②轉身過程中，後一動要利用前一動的慣性。

39、轉身上步小架

（1）右腳撤到左腳後（後即東）。右擰身90°；同時，將棍在身左貼身正轉半圈，此時棍梢指下，棍根在左腋後。重心在右腳。

（2）繼續以右腳為軸、身右轉90°向東，並隨轉身、左腳上步到右腳前（前即東）點落成虛步，同時隨即轉身、將棍在身左接著剛才的路線貼身倒轉一圈半向前上架，前低後高（圖5-59、圖5-60）。

40、撤步劈打

左腳撤到右腳後。同時，左轉身90°向北成馬步，左手離棍弧形後舉，右手將棍正轉一圈劈下（圖5-61）。

圖5-59

圖5-60

41、坐盤豎棍

原地左轉身90°向西,成坐盤步,隨轉身,右手將棍立起由右向左橫格,左手扶握棍上部(圖5-62)。

42、弓步紮

緊接上勢,棍一橫格,立即正轉90°向前紮出。左腳蹬右腳進成右弓步。腰右擰(圖5-63)。

圖5-61　　　　　　　　　圖5-62

圖5-63

43、挑

再腰左擰，手左拉右推，使棍倒轉半圈，棍尾部向前挑出（圖5－64）。

44、打花、大刀法

（1）右腳擺墊。身右轉；同時，將棍在身左正轉一圈，此時棍尾在左腋下。

（2）身繼續右轉，左腳進到右腳前扣落。同時，棍繼續在身右正轉一圈，此時棍尾在右腰。

（3）再右腳提，左腳跳扣，身繼續右轉回到向西，左蹬右邁成右弓步。腰右擰，棍隨轉身由左向右橫擊，前面棍頭高與頭齊（圖5－65）。

45、打花、坐盤

（1）由上式，上左步。左擰身，將棍在身左正轉半圈。

（2）再上右步擺落。右擰身，將棍在身右正轉半圈。

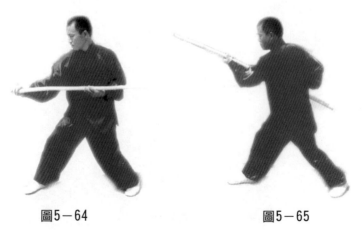

圖5－64   圖5－65

（3）再向右腳右前上左步扣。繼續右轉身向北，將棍繼續在身右正轉一圈。

（4）再右腳從左腿後向前倒插，身下坐成坐盤式。將棍繼續在身右正轉半圈背在右肩後。頭向左（左即西）扭（圖5－66）。

46、翻身俯步砸

同動作33。

47、前紮後盾

同「34」，此時向東（圖5－67）。

48、打花、收勢

（1）由上式，邊撤右步擺落邊右轉身135°向南，再左腳扣正。同時，將棍先在身左正轉半圈，再繼續在身前正轉半圈。此時兩手在胸前右裡左外交叉，棍橫在胸前。

圖5－66 圖5－67

（2）棍不停，繼續在胸前沿原方向（逆時針——練者看來）轉一圈，成右臂在外左臂在裡交叉，橫棍。

（3）不停，棍再轉90°背於右肩後。同時，左腳向右腳併，身略右擰。

（4）再左擰，左手向左打一個橫掌。

（5）再身擰回向南，結束（圖5-68～圖5-72）。

圖5-68　　　　　圖5-69　　　　　圖5-70

圖5-71　　　　圖5-72

第二節　五虎斷門刀（頭趟）

一、動作名稱

第一段

1. 立正起勢；2. 舞花斷門式；3. 後顧紉刀；4. 跌門腳；5. 十字掌；6. 二起腳；7. 金雞獨立；8. 順勢掌；9. 拍脯警醒；10. 回顧交刀；11. 纏頭裏腦；12. 袖刀式。

第二段

13. 斜步背刀式；14. 斜步藏刀式；15. 上步砍；16. 夜叉探海；17. 騎馬蹲襠式；18. 退步滾身刀；19. 小架。

第三段

20. 上步劈刀；21. 跳步坐盤下剁；22. 磨盤刀；23. 抹脖刀；24. 扣步單起腳；25. 挑刺；26. 連砍三刀；27. 回身挖步；28. 鵰手撩刀；29. 上步刺；30. 舞花、大開門；31. 舞花雙跺腳。

第四段

32. 箭步旋風刀；33. 斜步雲刀；34. 翻身推窗望月；35. 上步砍；36. 坐盤刀；37. 翻身下勢；38. 金雞獨立；39. 纏頭裏腦藏刀勢。

第五段

40. 上步砍；41. 夜叉探海；42. 斜步削刀勢；43. 舞花金蟾刀；44. 前進摸手；45. 單起腳；46. 下刺刀；

47. 退步撩陰刀；48. 翻身劈聽；49. 金雞獨立收勢。

二、動作圖解

假設每一段出時往東，回時往西。

第一段

1、立正起勢

(1)面南立正站立，左手執刀，刀把夾在食、中二指間，手抓刀盤，刀立靠在左大臂前，刀刃朝前，刀尖朝上。眼平視。

(2)左腳向前墊步；同時，兩手左右開，右手握拳。

(3)緊接著，右腳跟上成併步。同時，兩手各劃1/4圓向前上合，如雙峰貫耳狀。同時，頭左擰，眼左視（左即東）。左拳眼朝上，右拳眼朝左，刀刃仍朝上（圖5－73、圖5－74）。

2、舞花斷門式

(1)身左扭成左半面朝東。同時，左腳向左墊步外擺

圖5－73

圖5－74

90°朝東。兩手開，左手落到平胸，右手平肩。

（2）身再左扭45°成正面朝東。同時，蜷身，右腳跟上成左鴛鴦樁。右手從左小臂外走下弧向左抄去；而同時左手從右臂裡走上弧向右腋下插去，鬆開右拳。

（3）再左腳撤半步落，展身。右手接走上弧，左手接走下弧，打開。重心在右腳。右手變掌。

（4）步不動，身再捲合，右手再從左小臂裡接走下弧向左抄去；同時，左手從右臂外走上弧向右下插去，右手半捲。

（5）右腳不動，身再展開，如動作（3）；同時，起左腳向前踢去，力在腳尖。右手變掌。

（6）左腳落在右腳前，比剛才稍遠處，腳尖點地，此時面東（圖5－75～圖5－78）。

以上是分解說明，練時應連貫自然，以身之展、捲、擰帶著手動。這趟刀法起勢與燕形拳起勢相近。

圖5－75　　　　　　　圖5－76

圖5－77　　　　　　　圖5－78

3、後顧紉刀

（1）左腳向右前（右前即東南）扣落。同時，身右扭，左手回勾。頭不轉，面仍向東。

（2）再右腳從左腿後插到左腳前（前即東）成交叉步。同時，身繼續右扭成胸向南，左手繼續勾回胸前，右手同時勾回覆置刀把上。此時刀刃朝上，刀尖朝前（前即東）。頭不轉，面仍向東。

（3）再右手向後打一拳（後即西）。頭扭西。

（4）再回到動作（2）（圖5－79）。

4、跌門腳

右腳蹬地，身起，左腳向前（前即東）蹬一腳，力在腳跟（圖5－80）。

5、十字掌

左腳落在左前，右腿蹬直成弓步。同時，左擰腰調肩，左手向左後甩開，右手向右前打掌。刀搭在左臂上，

圖5－79　　　　　　　　　圖5－80

圖5－81　　　　　　　　　圖5－82

刀刃向左上（圖5－81、圖5－82）。

6、二起腳

（1）右腳向前墊步，左腳欠起。同時，腰身右擰，左手前擺，右手後擺。

（2）先踢左腳，力在腳尖；再右腳蹬地，身向前上跳起踢右腳。同時，身左擰左臂後甩，右掌前擊右腳面（圖

圖5-83

5-83)。

7、金雞獨立

身落地時左腳獨立。不停，左支撐腳擦地裡扣，身右擰轉，收腹提膝。同時，左手向上穿起，右手隨轉身裡擰貼胸上指。刀在身後，刀刃向後，刀尖向下。右手手心向右。此時胸向南。頭右扭視西（圖5-84）。

8、順勢掌

左腳蹬地，右腳向西進邁成半馬步。同時，右掌向西打出，左手左開，兩臂成「一」字，左手心向前上（*此前即南*）。刀仍握在左臂上橫背在身後，刀開向右上（圖5-85）。

圖5-84

圖5-85

9、拍脯警醒

身左合，右掌拍一下胸。同時，頭轉向南（圖5－86）。

10、回顧交刀

（1）左手曲回將刀交給右手，右手執刀，刀尖向下，刀背貼身，在背後由身左揮向身右；同時，左手臂向左伸直。

（2）捲身，右手將刀繼續在身前由右向左橫揮去，至左腋下時翻手立刀；同時，左手弧線上舉。重心移到左腳，右腳撒回與左腳併立。頭右扭，眼朝西看。此時，右手虎口向上，刀立在左肩後，刀刃向後，刀尖向上；左手手心向上，手指指右（圖5－87～圖5－89）。

11、纏頭裹腦

（1）右腳踢一腳，再收腹提右膝，身右轉90°，刀纏頭裹腦一圈，右腳向西一步擺落。所謂「纏頭裹腦」，就

圖5－86

圖5－87

圖5－88   圖5－89

是刀尖向下、刀背貼身，俯視順時針繞頭一圈，刀過頭時
右手高舉，刀走身後半圈時展身，走身前半圈時身捲彎。
刀走左半圈時，左手走前弧插到右腋下，刀身經過左肩臂
外。刀走右半圈時，左手再在胸前走後弧打開，刀尖要從
提起的右小腿外下掃過。此時胸向西。

　　（2）再收腹提左膝，身右轉90°，刀纏頭裹腦一圈，
左腳向西一步扣落。刀走左半圈時要掃過左肩臂及左小腿
外側。其他要領同上。此時胸向北。

　　（3）收腹提右膝，身右轉180°，刀纏頭裹腦一圈，右
腳向西一步擺落。轉身時左支撐腳腳跟略蹻起，以腳前掌
支撐轉動。此時胸向南。

　　（4）收腹提左膝，身右轉180°，刀纏頭裹腦一圈，左
腳向西一步扣落。轉身時右支撐腳腳跟略蹻起，以腳前掌
支撐轉動。此時胸向北。

(5)同(3)。

(6)同(4)。

以上連退6步，繼續右轉身2圈半，連做6個「纏頭裹腦」，連接要緊，動作要快。下一次轉身要利用上一次轉身的慣性，「唰—、唰—、唰—、唰—、唰—、唰—」，一氣呵成（圖5－90～圖5－92）。

圖5－90

12、袖刀勢

接上動慣性，身再右轉90°向東。同時，右腳撤至左腳後（後即西）跳落，再左腳前邁半步點落。同時，刀再走一圈纏頭裹腦，拉至右脅間，左手在拉刀時順刀背前推（圖5－93、圖5－94）。

圖5－91　　　　圖5－92　　　　圖5－93

圖5－94

本勢因為刀藏在左袖之下，所以叫「袖刀勢」。

第二段

13、斜步背刀勢

（1）收腹提左膝。同時，左手在胸前走後弧插到右腋下，捲身，將刀刀尖向下、刀背向左，在身前從右往左裹住左小腿及左肩臂。

（2）左腳向左前一步落下成弓步。同時展身，刀繼續刀背貼身過頭貼背揮向右後；同時，左手在胸前再走前弧揮舉。

（3）刀繼續走身前朝左橫揮去，到左腋下時翻右手將刀變為刀尖向上、刀背靠肩的立刀，背於左肩後，眼看前面（即東）（圖5－95～圖5－97正面）。

【要領】

以上三動要連成一動。刀過頭時右手提刀把高舉，刀繞頭身俯視逆時針轉一圈半。

14、斜步藏刀式

（1）右腳向前蹬一腳，再向前一步擺落。與右腳擺落同時，身右轉90°向東南，刀尖向下，刀刃向右，在身前從左往右掃過，左手開落。

（2）刀隨身轉不停。左腳向東一步扣落，身接著再右

圖5－95　　　　　　　　圖5－96

圖5－97　　　　　　圖5－97正面

轉135°向西，刀貼背從右到左肩後，右手高舉，左手走前弧插到右腋下。

（3）刀隨身轉不停。左腳原地跳扣，身右轉180°向東。刀在身左從後往前裹過左肩臂，左手移到胸前。

（4）右腳向右前（即東南）邁一大步成弓步。右手走前弧拉刀，左手前推。

圖5-98　　　　　　　　圖5-99

（5）左腿蹬直。腰右擰，左手繼續順著刀背前推，右手繼續拉刀至刀尖貼在右膝外側（圖5-98、圖5-99）。

以上六動要連成一氣，總計身右轉5/4圈，刀纏頭裹腦一圈。本勢因為勢成時，刀藏在右腿處，又是斜步，在自己的前方和左側看不見刃，所以叫斜步藏刀勢。這是樊宜興師叔講的。我師講君子劍，小人刀，所以用刀時常欲藏刀，不讓對方看見；而劍是指哪打哪。

15、上步砍

左腳上一步。同時，右手執刀在身右以肩為軸正繞一大圈向前砍下，左手在下托住右腕（圖5-100）。

16、夜叉探海

右腳進到左腳前一步跳落。同時，右手將刀以腕為軸在身前勾回正轉一圈劈下。右腳獨立，左膝提起。身前探，左手走後弧上舉（圖5-101）。

圖5-100　　　　　　　　圖5-101

17、騎馬勢豎刀

右腳蹬地，左腳撤一步，右腳跟撤半步成馬步。同時，右手立腕將刀勾立起，左手隨身半撤（圖5-102）。

18、退步滾身刀

（1）右腳以腳跟為軸裡扣，同時提左膝，左轉身90°向西。左手走胸前後弧插到右腋下，右手翻舉將刀尖勾過左腳及左臂。

（2）右腳擺落。同時，刀繼續過頭，刀身貼背回到身右後，左手接走前弧與刀對展開。刀過頭時用手高舉。

圖5-100

191

（3）再提右膝、左轉身180°向東。左手照前掖到右腋下，右手翻舉將刀尖勾過右腳及左臂。

（4）右腳扣落在左腳略後（後即西）。同時，刀繼續過頭，刀背貼身回到身右後。左手照展與刀對展開。

刀繼續繞頭身俯視逆時針揮轉，儘量貼身，走與「11. 纏頭裹腦」相反的運刀路線。

（5）退左腳。刀走過身前半圈，捲身。

（6）退右腳。刀走過身後半圈，展身。

（7）同（5）

（8）同（6）

（9）同（5）

（10）同（6）

（11）同（5）

（12）同（6），但右腳跳退，此時左腳懸空接下一勢（圖5－103～圖5－106）。

圖5－103　　　　　圖5－104

圖5－105　　　　　　　　　圖5－106

圖5－107

【要領】

以上從騎馬勢豎刀，先做兩個護腿，共轉身270°向東，再連退8小步，做4個反纏頭裹腦。要快速、連貫、流暢。

19、小架

接上式，左腳向前點落，坐身成虛步。同時，右手將刀向前中勾起成立刀，左手覆按在右手腕上（圖5－107）。

第三段

20、上步劈刀

左腳上一步。右手將刀在身右正繞一圈向前劈下，左手扶於右手腕下。重心偏前左腳（如圖5－100）。

21、跳步坐盤下剁

左腳蹬地向前（前即東）跳落成坐盤式（左腳在前），同時，刀借上一勢劈刀的慣性在身左正繞一圈再次向前剁下；同時左手走後弧舉起（圖5－108）。

22、磨盤刀

由上面的坐盤式，原地左轉身270°向東。隨轉身將刀橫掃一周，最後左手附於右腕處（圖5－109）。

圖5－108

圖5－109

23、抹脖刀

圖5－110

以腰帶動，右腕先翻後擰，使刀尖在前面絞一個直徑4、5寸的順時針立圓。緊接著右腳蹬，左腳進成弓步。左擰腰，右手將刀斜橫著向前上推割出去（圖5－110）。

24、扣步單起腳

原地左腳獨立踢右腳。同時，左手翻成掌外緣向上橫掌推擊右腳面，刀向後撩出（圖5－111）。

25、挑刺

（1）右小腿收回。同時，右手將刀向前上勾起，左手在右手腕上一擋。

（2）接上，右手腕被左手一擋停住時一擰，刀尖在前絞一個順時針小立圓成刀刃向上。

（3）左腳蹬地，右腳向前落步成弓步。左擰腰，催動右手將刀刺出，刀刃向上，左手仍壓在右手腕（圖5－112）。

以上三小動要一氣呵成。

26、連砍三刀

（1）右腳撤提。身左轉45°，勾刀，左手與右手同向繞圓（圖5－113）。

圖5－111　　　　　圖5－112

(2) 右腳前落。身右轉45°成半馬步，砍一刀，左手與右手同向繞圓上舉（圖5－114）。

(3) 同(1)。

(4) 同(2)。

(5) 同(1)。

(6) 同(2)。

27、回身挖步

(1) 在上節砍第三刀時，將刀一直揮到身右後。利用其慣性，右腳擺落，身右轉270°向西，再左腳扣落，右腳同時再以腳前掌為軸轉向西，右腳再撤步，與左腳成併步。再將刀以腕為軸倒轉180°指後（後即東），左手也隨揮手慣性變勾手勾於左脅後，刀尖向後，刀刃向左，橫搭在左大臂外。

(2) 左腳踢一腳，力在腳尖。

(3) 從左腳邁步開始，向西連走5個挖步。所謂挖步，即腳刨地而行。頭微左扭，以注意身後。至第5步時

圖5－113　　　　　圖5－114

邁左腳，右腳刨地後撩（圖5－115）。

28、鵬手撩刀

接上節挖步的第5步，右腳在左腳後跳落。同時，右手翻手將刀刀刃朝前向上撩起，左手向前上撩勾成鵬手。再左腳在右腳前點落成虛步（圖5－116）。

29、上步刺

（1）左腳向前墊步落實，右手將刀沿原路線揮向身後，此時刀尖朝後，刀刃朝下。

（2）緊接著重心前移，左蹬、右進、左跟。刀走下弧指前，再向前刺出，刀刃朝上，左手按在刀把後合力推刺（圖5－117）。

30、舞花、大開門

（1）右腕先翻後擰，使刀尖在身前順時針絞一圓向左橫劈，左手上舉。左半圓時刀背向左，右半圓時刀刃向左，注意以腰帶動。

圖5－115　　　　圖5－116　　　　圖5－117

（2）再反手向右揮刀；同時，左手左開。右腳跳撤左腳後，再左腳點落成虛步（圖5－118）。

【要領】

注意腰身開勁。

31、舞花雙跺腳（也叫「舞花雙蹴步」）

（1）將刀繞頭身俯視逆時針運刀一圈。刀最後在身前向左揮去時，左腳扣實，然後頭身右轉向東，右腳擺點，成高虛步背刀式。

（2）再右腳撤回左腳處跺腳，緊接著跺左腳成雙跺腳（圖5－119）。

第四段

32、箭步旋風刀

右腳蹬一腳向前擺落；同時，重心前移。右手揮刀向右掃去。並借慣性右腳蹬地跳轉身，右轉180°向西，左腳在右腳前（前即東）扣落，右轉身不停，左腿蹲、右腳成

圖5－118　　　　圖5－119　　　　圖5－120

仆步前探。刀經頭頂俯視順時針繞一圈,貼地向右掃去
(圖5－120)。

33、斜步雲刀

(1)身起,右腳撤回左腳處。同時,刀尖走下弧勾回。

(2)左轉身約135°,左腳向東南墊步。刀不停,接走
倒立圓揮至身右後。

(3)右腳進到左腳左前。同時,左上翻身,右手將刀
走倒立圓向前中上撩去。左腳略跟(圖5－121)。

(4)再右腳向左前墊步。刀不停,繼續走半個倒立圓
揮到身左後。

(5)再右腳向右前上步。同時,右上翻身,將刀繼續
走倒立圓向前中上撩去。右腳略跟(圖5－122)。

以上兩個雲刀:大方向向東南,左手與右手配合同向
揮動。

(6)不停,繼續右上後翻身向西北,右手拉刀,左手
前推,成弓步袖刀勢(圖5－123)。

圖5－121   圖5－122   圖5－123

(7) 右腳上步與左腳成併步。同時，右手將刀接走正立圓向前砍下，此時向西北（圖5－124）。

34、翻身推窗望月

接上勢，刀砍下不停。先向東南退右步，再左腳倒插，身右上翻，成推窗望月勢（向東南）（圖5－125）。

35、上步砍

左回身向西北，左腳上一步。同時，刀在身右走一個正立圓向前砍下，左手扶在右腕下。重心在前左腳（見圖5－100）。唯方向向西北。

36、坐盤刀

再左腳蹬地，向前（前即西北）跳落成坐盤步，落地時先右腳扣落，再左腳從右腿後倒插。同時，右手揮刀在身左繞一個正立圓劈下。左手舉起（見圖5－108）。唯方向向西北。

37、翻身下勢

緊接上勢，兩腳猛一蹬地。身跳起左後翻，刀走一個

圖5－124

圖5－125

斜立圓成右仆步砍下，此時胸向西南，刀尖指向西北（圖5－126）。

38、金雞獨立

左腳蹬地，身起，右腳撤提。同時，右手將刀在身前正轉一個立圓勾回，左手覆於右腕上，此時刀身平，刃橫於胸前，刀尖指向東南，刀背向胸（圖5－127）。

39、纏頭裹腦藏刀勢

（1）右腳在右前擺落。同時，揮刀右掃至身後，並借其慣性右轉身225°向東。左腳欠起，重心在前右腳。左手在左側平伸。

（2）再左腳扣步到右腳裡。刀繼續過頭運至左肩後，左手收至右胸處。

（3）再將右腳進到左腳前右成斜弓步。同時，繼續將刀走前半個左上到右下的斜立圓拉至刀尖到右膝處，腰右擰，左手順刀背前推，成斜步藏刀勢（圖略）。

圖5－126　　　圖5－127

第五段

40、上步砍（同動作 15）。

41、夜叉探海（同動作 16）。

42、斜步削刀勢

由夜叉探海，左腳向左後撤落並一蹬地，身向左後（左後即西北）折步跳起，先落右腳再落左腳成右仆步。同時，右手在身騰空時將刀劃上半個倒立圓，再在右腳落地後、左腳落地時貼著右腿向右削去；同時，左手劃一個倒立圓與右手在胸前先相交再分開（圖 5－128～圖 5－130）。

43、舞花金蟾刀

(1)身撤起，刀俯視逆時針過頭，左揮、右掃，左手照前配合。於刀右掃時前右腳撤與後左腳併。

(2)刀再俯視順時針過頭及左肩臂到身前，再斜拉向刀尖貼右胯。同時，左腳後撩。身前探，左手也順刀背前

圖5－128　　　　　　圖5－129

探（前即東）（圖5－131）。

44、前進摸手

連進五步，左手摸抓，右手執刀拉割。

（1）左腳上步。左手抓回，右手執刀經過頭及左肩到身前割下。

（2）再上右步。左手前探，右手將刀走下半圓拉回到身後（圖5－132、圖5－133）。

圖5－130

圖5－131

圖5－132

圖5－133

(3) 同 (1)。

(4) 同 (2)。

(5) 同 (1)。

45、單起腳

略同「24. 扣步單起腳」，刀繼續拉撩到身後。同時，踢右腳並用左手推擊腳面（圖略）。

46、下刺刀

右腳撤落成弓步。身略前俯左擰，右手將刀勾回向前下刺出，左手覆於右小臂上（圖 5－134）。

47、退步撩陰刀（三個）

(1) 退左步。右手將刀正繞多半個立圓到前上；同時，左手走上弧橫拍右小臂。頭略右扭，注意身後。

(2) 再退右步。右手將刀向後撩出；同時，左手走下弧揮於左後，左手經過左大腿時要拍響左大腿。

(3) 再退左步。右手將刀正繞半個立圓到前上；同時，左手走上弧拍響右小臂。

(4) 同 (2)。

(5) 同 (3)。

(6) 先同 (2)，再順勢左腳倒插，再身右上翻，成「推窗望月」勢（圖 5－135～圖 5－137）。

圖 5－134

48、翻身劈聽

(1) 劈：

先左腳向後（後即東）撤步，再右腳撤提。同時，刀尖走下弧勾回。再右腳前邁。身右轉正、劈刀（圖5－138）。

圖5－135

圖5－136

圖5－137

圖5－138

圖5-139

（2）舞花：

刀俯視逆時針過頭，左揮、右揮。與刀右揮同時，右腳撤到左腳處，左腳提起（圖5-139）。

（3）聽：

左腳前邁，右腿蹬直成弓步。同時，身前俯，將刀橫著從腦後向前上推出，左手鵰手後撩（圖5-140）。

49、金雞獨立收勢

以前左腳為軸，右後轉身向東，右腳隨轉身撤到左腳處獨立，左膝提起，左腳面繃直。同時，左手上反接刀，隨轉身，刀把走前弧下栽，左手在左大腿裡，刀刃向前。眼向前看（前即東）（圖5-141、圖5-142）。

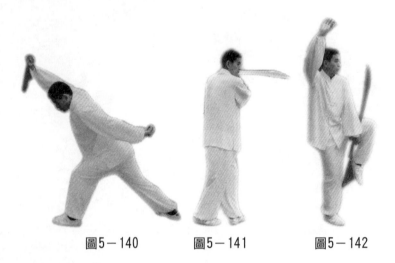

圖5-140　　　　圖5-141　　　　圖5-142

第三節　形意八卦劍

　　這一套劍是先師王文彬六十餘歲時根據以前學的多套劍法編定的，大約用了一週的時間。在那一段時間裡，先師每晨先練劍後練拳，給我留下了深刻的印象。演練這一套劍大約用時2分鐘。

一、動作名稱

第一趟

　　1.立正起勢；2.背劍左視；3.坐盤交把；4.順步崩劍；5.翻身白蛇吐信；6.顧左斬後；7.攔腰劈斬；8.坐盤鎖劍；9.順步崩劍。

第二趟

　　10.龍行劍；11.踢腿撩陰；12.坐盤反背刺；13.轉身摸脖；14.烏龍擺尾；15.轉身下刺；16.青蛇撥草；17.八卦遊身左右轉；18.坐盤鎖劍；19.順步崩劍；20.翻身白蛇吐信。

第三趟

　　21.行步左右護腿；22.鑽劍；23.八卦游身順步崩劍；24.翻身白蛇吐信；25.顧左斬後；26.快馬加鞭；27.翻身下點。

第四趟

　　28.刺前蹬後；29.烏龍擺尾；30.順步崩劍；31.墊步上架；32.拗步橫劈；33.倒插步下削；34.併步金雞鴝

米；35. 小架指路；36. 順步崩劍；37. 併步封劍；38. 拗步炮劍；39. 撩陰劍；40. 獨立待機；41. 下勢；42. 轉身下劈；43. 鷂子三翻身；44. 推窗望月；45. 上步砍。

第五趟

46. 跳步坐盤劈；47. 翻身俯步劈；48. 舞花；49. 仙人指路；50. 上步砍；51. 夜叉探海；52. 騎馬式豎劍；53. 轉身刺；54. 鷂子兩翻身；55. 金雞鴿米；56. 立正收勢。

二、動作說明

假設每一趟出時往東走，回時往西走。

第一趟

1、立正起勢

面朝南立正，左手握劍，四指抓護手，食指頂住劍把，右手握成劍訣，兩臂自然下垂。劍在左肩後豎立，劍尖朝上，劍面靠身貼肩縫（圖5－143）。

圖5－143

2、背劍左視

（1）左腳前邁半步，右腳跟欠起。同時，腰身左扭，右臂向前中裹壓半圈，左手自然揮向身後。

（2）再右腳前邁半步，左腳跟欠起。同時，腰身右扭，左臂向前中裹壓半圈，右手走下弧揮向身後。

（3）再左腳前邁半步，腳尖點地成虛步。右腳支撐，斂臀，身下坐上

拔。同時,腰身頭一齊左扭,眼左視(即扭向東看)。右手自然劃弧揮至額前上,肩鬆,臂肘撐圓,左手同時走下半圓揮甩到身後成背劍式。劍斜背於身後,劍面靠身。垂肩、頂頭,左膝屈縱,右腳扣扭,一如三體勢(圖5-144)。

以上三步,三動要一氣呵成。

3、坐盤交把

左腳弧線撤繞至右腳後右成交叉步。同時,腰身左擰,左手從背後弧線繞至身前將劍把交於右手。劍身水平,劍面貼身,劍尖指向東(圖5-145)。

4、順步崩劍

左腳蹬地,右腳前進成三體勢椿步。同時,左擰腰調膀,催動右手持劍向前平胸刺出(前即東),左手走下弧繞舉於頭上方,劍訣指向東(圖5-146)。

圖5-144   圖5-145   圖5-146

5、翻身白蛇吐信

（1）左腳抬起原地擺落，右腳隨之略扣扭。同時，身左後轉，左手落平。頭不隨扭，眼仍看身後（東）。

（2）緊接著，右腳緊撤到左腳前（即西）扣落。身正面轉向南，右手拖著劍走下弧線揮向轉身後的身後（即西），右手虎口向下。頭隨身左後轉，目左視東。

（3）左膝提起，左腳面繃展。同時，身左擰調，右手揮劍走上弧線向前中劈點，挺右腕；左手走下弧線經身後揮舉於頭上方，劍訣指向前（即東）（圖5-147～圖5-49）。

以上三動緊連一氣。

6、顧左斬後

（1）左腳前落。同時，身略左扭並略捲，右手揮手走上弧線在身左掃下，左手走後半圓從身後落下再從右小臂裡穿起。劍橫置左腰部，劍尖向後，左手劍訣朝天。頭左顧。

（2）重心前移至左腳，再右腳邁到左腳前橫落，右腳尖點地。同時，右翻身，右手揮劍走左前右後斜立圓向身

圖5-147　　　　　圖5-148

210

右後探身斬下，頭目隨之；同時，左手從身前右臂彎裡落下再從身後弧線繞舉至頭上方（圖5－150、圖5－151）。

7、攔腰劈斬

（1）左腳墊落到右腳前（即東）。同時，左手落平，右手將劍提平，右手扭成手心向上。

（2）右腳跟上成併步。同時，腰身左擰，右手揮劍向前中橫劈，左手收貼於右腕（圖5－152）。

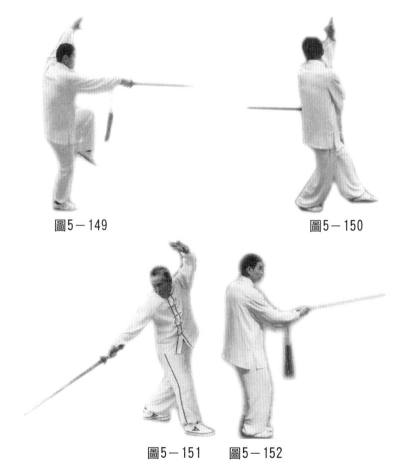

圖5－149　　　　　　　　　圖5－150

圖5－151　　圖5－152

8、坐盤鎖劍

（1）原地以腰帶動，以劍把為支點，劍尖在前絞一個半徑5寸的逆時針（由練者看來）圓，即劍身走一個圓錐面，變為立劍。

（2）右腳撤墊，左腳再撤到右腳後成交叉步。同時，腰身右擰，收劍拉回，左手跟回，左肘前橫，左手劍訣向後。眼看劍前部（圖5－153）。

9、順步崩劍

左腳蹬，右腳進，成三體勢椿步。身左擰調，右手將劍向前平刺出，立刃；同時，左手走前上弧舉起，劍訣指前（如圖5－146）。

第二趟
10、龍行劍

龍行劍是走「S」形路線前進，並左右翻身走立圓雲劍。

圖5－153

（1）由順步崩劍，右手擰成手心向上，虎口向外，劍平刃。

（2）身略左扭，右腳撤墊至左腳左邊（即北）半步遠處。同時，兩手一齊走上弧揮向身左後，右手在頭前最高點時擰成虎口向下，至身左後時又翻成虎口向上，此時劍立刃，劍尖向後。

（3）向右前沿前凸弧加速緊走三步左、右、左，第三步邁左腳時最快。在這三步中，向右上後翻身，右手執劍走下弧，從左後到前上揮過，在第三步左腳扣邁的同時，劍揮過前上最高點，此時右手虎口向下，劍尖指前，劍立刃，下刃朝上；左手與右手相離尺許，相同路線揮動。

（4）不停，再向左前沿前凸弧加速緊走三步右、左、右，第三步邁右腳時最快。在這三步中，向左上後翻身，右手將劍先走上弧，拉向身右後再走下弧揮向前上。在第三步右腳扣邁時，劍揮過前上最高點，此時右手虎口向下，劍尖指前，劍立刃，下刃朝上；左手與右手相離尺許，相同路線揮動。

（5）同（3）。

以上彎步含身，步走「S」形，劍走倒立圓，有避正走側，撩、挑、削、割、掛、粘、隨等意義（圖5－154～圖5－156）。

圖5－154

11、踢腿撩陰

不停，動作同10(4)，但在第三步該邁右腿時改為右腳蹬（朝正前）。同時，劍撩到平胸高（圖5－157）。

12、坐盤反背刺

(1)右腳跳扣落。身左轉，右手臂肘腕上屈，劍在身左前反轉半圈，左手隨動。

圖5－155　　　　　　　圖5－156

圖5－157　　　　　　　圖5－158

（2）不停，左腳從右腿後往前插去。伏身，劍再翻半圈向前上反手刺出，左手隨之，劍訣指向劍刺方向（圖5－158）。

13、轉身摸脖

本勢共左轉360°。

（1）原地左後轉身約180°，劍從下面勾回，此時胸向南。

（2）緊接著，右蹬左邁成弓箭步。左撐調，右手裡撐成手心向上，將劍刃平著刃向前上推出齊脖，劍尖略朝右前，左手劍訣扶於右小臂上（圖5－159）。

14、烏龍擺尾

右腳邁到左腳前腳尖點地成高虛步。同時，右後轉身，劍向身後橫掃去，劍尖向後下；同時，左手向前上推出，肘撐圓，劍訣指右。頭右後扭，眼看後下（後即西）（圖5－160）。

圖5－159

圖5－160

15、轉身下刺

（1）右手抖腕，將劍勾起平置右脅，立刃，劍尖指前（即東）。

（2）右腳上步到左腳前扣落。同時，身左後轉向西，左腳擺向西。左手落平，劍訣指向前下（前即西）。

（3）收腹含胸提左膝，左腳面繃直。同時，左擰腰順肩，劍立刃向前下刺出，左手劍訣撫右手脈門（圖5－161、圖5－162）。

16、青蛇撥草

由上式，左腳開步大進，向前（即西）緊走6步。身中正蹲含，左腳邁時左擰身手前送，右腳邁時右擰身手回拉，手隨著左右擰身，在胸前走俯視逆時針平圈，就像右單推手似的。劍尖壓低至離地5寸左右，始終在身正前中線上，劍把邁出左腳時在中線左，邁出右腳時在中線右，把動尖不動。眼看劍尖處（圖5－163、圖5－164）。

以上至第6步時邁出右腳。

圖5－161　　　　　　　　　圖5－162

圖5－163　　　　　　　圖5－164

17、八卦遊身左右轉

（1）左腳邁向左前。劍擰腕成橫（平刀），劍尖指向前。

（2）左腳開步，右擺左扣，以劍尖處為圓心，右轉環走一圈半，至最西頭左腳在前時停住。此時身右側向東，劍尖指東。

（3）腳原地左扣右擺。身右後轉，同時翻右小臂和腕，使劍身走一個橫軸的小底圓錐面成外側面在上的平刃。

（4）再左腳開步，左擺右扣，左旋環走一圈，至最西頭右腳在前時停住。此時身左側向東，劍尖指東（圖5－165～圖5－167）。

圖5－165

217

圖5-166

圖5-167

18、坐盤鎖劍

（1）腰微含撤，右轉，右手裡擰，使劍身走一個很細的圓錐面擰成裡側面朝上，劍裡刃向左，劍尖略偏右。

（2）右腳蹬地，左腳前邁（前即東）。身左擰調，劍裡刃向前推割，劍尖略偏向右。

（3）右腳略撤墊，再向後縮身，左腳撤到右腳後。身右擰，成交叉步，劍翻成立刃拉回，左手跟回，左肘前橫，左手劍訣指後。眼看劍尖處。

19、順步崩劍（同動作9）。

20、翻身白蛇吐信（同動作5）。

第三趟

21、行步左右護腿

本勢練法為向前連進五步，每步提腿劍下紮，再從身左或身右向後挑帶。劍在身左身右走成向前滾動的立圓。共五步五圈。

（1）由上式翻身白蛇吐信，保持右腳獨立步不動。右手上提，劍尖垂下成倒立劍，下刃朝前；左手自然移置於右腕下（圖5－168）。

（2）身前彎左扭且略右讓，劍先向正中紮下再從身左向後抄起，劍尖在最低點要低於左腳，左手隨右手一起揮動。

（3）左腳向前落步。同時，劍走上弧從身左向前返回，右手上舉，劍尖朝前。

（4）收腹、提右膝，右腳面繃直。同時，身前彎右扭且略左讓，劍先向正中紮下再從身右向後抄起，左手跟著右手揮動（圖5－169）。

（5）右腳向前落步。同時，劍走上弧從身右向前返回，右手上舉，劍尖朝前。

（6）（7）同（2）（3）。

（8）（9）同（4）（5）。

圖5－168　　　　　　圖5－169

(10)(11)同(2)(3)。但在第(11)動時,左腳向前落步(圖5－170、圖5－171)。

22、鑽劍

左蹬、右沖、左腳再跟。打出鑽劍(**向東**),執劍右手手心向上,劍裡側面朝上;同時,左手走後弧上舉(圖5－172)。

23、八卦遊身順步崩劍

(1)右腳向左腳左邊橫邁起步,以劍尖處為圓心,左扣右擺右轉,環走一圈半至最東頭,左腳邁出擺落。身略左轉,右手略抬,左手略低,劍尖落至平胸(圖5－173)。

(2)再右腳扣落左腳東。身再左轉,右手舉過頭頂,左手再向自身身前落低,劍尖處不動。此時身轉向左半面向西(圖5－174)。

(3)再左腳向前(**即西**)墊步。同時,右手落至右脅處,左手也落至右脅處(圖5－175)。

圖5－170　　　　　圖5－171

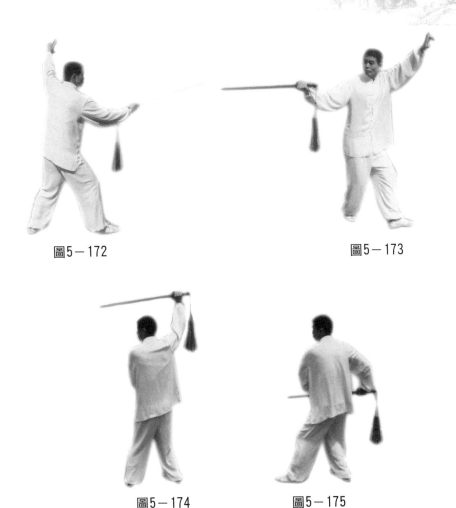

圖5-172

圖5-173

圖5-174

圖5-175

（4）再左蹬右進。劍向前（即西）立刃刺出；同時，左手弧線上舉，劍訣指前（圖5-176）。

以上各動連貫不停，最後左右轉身時，劍身在頭上橫滾過去。

221

圖5－176

24、翻身白蛇吐信

同動作5，面西。

25、顧左斬後

同動作6，唯方向向西。

26、快馬加鞭

此動為矮步向西緊走5步。

圖5－177

頭右後扭，劍向身後一步一挑點。步提時沉腕挑起劍尖，步落時挺腕劍尖下點。劍隨身臂起伏上下悠動。提步時含身，落步時略展身。

第一步先邁左步，至第五步時仍邁左步。左手亦隨右手一起一落。如同以鞭策馬，催其快上加快

222

一樣（圖5-177）。

27、翻身下點

（1）右腳向左前（即西南）扣落。同時，左上翻轉身，至左半面向東，右手托劍繞大立圓至身右後上，左手隨右手繞圓。

（2）左腳向前（即東）墊步。右手揮劍向前下點去，左手手心朝上扶住右腕。同時，右腳提勾在左小腿後（圖5-178）。

【要領】

注意劍下點時弓身提腕。

唐大任師叔轉述師爺樊瑞峰：「劍如垂柳。」

第四趟

28、刺前蹬後

右腳落邁到左腳前半尺遠震落，身前探，左腳後蹬。右手擰成手心朝上，推劍向前平刃刺出，左手仍扶在右手腕處（圖5-179）。

圖5-178　　　　　　　圖5-179

圖5—180

29、烏龍擺尾

步不動，身右後扭，右手背翻向上揮劍向身後橫掃，劍平刃，用下刃掃；同時，左手反向向前上揮出。頭隨著右後轉，眼隨著右後看（後即西）（圖5—180）。

30、順步崩劍

左腳向前墊步。同時，右手將劍勾回成劍尖向前（立刃）。左蹬右進，打出右順步崩劍（向東）。

31、墊步上架

向右前（即東南）沖蹬跟。同時，腰身右扭，右手翻至虎口向下，將劍向右前上舉起，劍尖指向前下，左手腕隨擰身自然移置於右腕裡（劍立刃，下刃朝上）（圖5—181）。

32、拗步橫劈

右腳向前墊步，再左腳邁到右腳前擺落，同時腰身左擰，略下蹲成交叉步。右手擰成手心向上揮劍向左橫劈；同時，左手揮向左上（圖5—182）。

33、倒插步下削

本動緊接上動，有對敵緊追不捨之意。

（1）右腳墊到左腳前扣落。同時，劍在身前上，劍橫

著正轉大半圈橫置於身左側，此時平刃右手背朝上，劍上刃靠身，劍尖指後上；同時，左小臂橫置胸前（在劍裡）。

（2）左腳從右腳退後向前倒插出（即腳後跟向前，前即東）成倒插步，伏身。右手揮劍向右削去；同時，左手再反向揮置頭左上（圖5－183）。

34、併步金雞鴿米

（1）身左轉向西。同時，左腳抽出前墊。左手前指，右手將劍在身後舉起。

圖5－181　　　　　　　　圖5－182

圖5－183

225

（2）右腳跟上成併步。同時，身左翻弓，右手揮劍向前下點去，左手劍訣點右腕脈門。此時面西（圖5－184）。

35、小架指路

右腳後撤一步，左腳跟撤半步成虛步，左腳尖點地。同時，身右擰，右手將劍上舉後帶，劍身平，立刃，左手前指，此時右手翻成虎口向前，手背對右額角（圖5－185）。

36、順步崩劍

（1）不墊步，重心前移至左腳，左腳落實。同時，右手走後弧線，將劍身橫著落於右脅間，劍尖一直指前。

（2）左蹬右沖左跟。向前打出右順步崩劍（前即西）（圖5－186）。

37、併步封劍

右腳向右前（即西北）上步，左腳立跟成併步。與右腳上步同時，身右擰，右手向上（略偏右）高舉，並將劍

圖5－184

圖5－185

拗成劍尖正向下，左手仍隨在右手脈門，劍下刃朝前（圖
5－187）。

38、拗步炮劍

右腳蹬地，左腳向左前（即西南）進成弓步（右腳不
跟）。同時，左擰腰，催動右手執劍向左前刺出；同時，
左手走前弧上舉（圖5－188）。

圖5－186

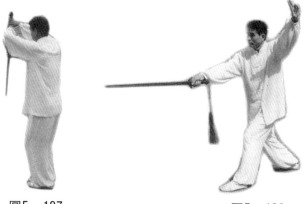

圖5－187　　　　　　　　　圖5－188

39、撩陰劍

右腳邁到左腳前（即西），左腳跟欠起。同時，身右後扭，眼回視。

劍向後撩出，下刃在上（圖5－189）。

40、獨立待機

左腳邁到右腳前（即西）扣落，重心偏於左腳；右膝撤提，腳面繃直。

同時，將劍倒提起，劍尖向身右下（右即東），此時右手撐成手心向右，虎口向前（前即北）；左手點右手腕下，劍尖儘量朝下。

眼看劍尖處（圖5－190正、圖5－190背）。

41、下勢

右腳向右（右即東）橫邁出，左腳彎曲下蹲成仆步。同時，右手將劍向右下刺出，劍橫刃，裡刃朝上；左手反向揮動，劍訣指向左上（圖5－191）。

圖5－189

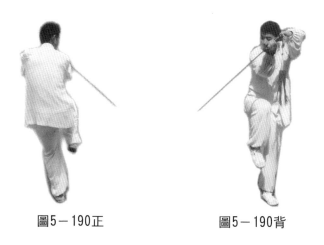

圖5－190正　　　　　　圖5－190背

圖5－191

42、轉身下劈

（1）重心移向右腳；同時，左腳提起。身左後翻轉，右手將劍從後向前（前即西）正轉多半圈向下勾回，此時右手虎口向下，劍尖向下，劍上刃對身，左手臂隨之縮回靠身。

229

（2）不停，身繼續翻轉弓捲，右手將劍繼續在身左、走左臂、左小腿外側，轉下半圓勾回身後。

（3）左腳向右前（前即西）墊步，右腳再上步到左腳前成弓步。同時，劍不停，繼續正轉上半圓向前劈下（前即西），展身，左手臂同時走後弧向上揮舉（圖5－192、圖5－193）。

43、鷂子三翻身

（1）重心略後移，右腳向左橫邁半步。同時，身左上後翻，右手一邊裡擰一邊將劍走上半圓揮向身左後，劍在前1/4圈時下刃朝上，後1/4圈時下刃朝下，左手同步揮到身後。

（2）不停，左腳上步到右腳右前。同時，身右上翻，右手一邊外翻一邊將劍再從身左走下半圓向前上揮起，劍下刃前1/4圈在下，後1/4圈在上，左手同步揮到前上。

（3）右腳大跟，再左腳向右前墊步。同時，身右上後翻，右手將劍走上半圓揮向身右後，左手隨揮，前1/4圈

圖5－192

圖5－193

時劍下刃仍在上，後1/4圈時劍下刃在下。

（4）不停，再右腳上步到左腳左前扣落。同時，身左上翻，右手一邊裡擰，一邊將劍從身右走下半圈揮向前上，左手同動，前1/4圈時劍下刃在下，後1/4圈時見下刃在上。

以上眼均朝前上看（圖5－194）。

44、推窗望月

（1）左腳從右腿後倒插到右腳前（前即西）。同時，身繼續左上後翻轉，劍揮到身左後。

（2）步不動，劍不停，身右上翻轉，並下蹲成坐盤步，劍從身左走下半圓向前上舉起，此時，劍身橫，劍尖指向左前，下刃朝上，左手置於右手脈門處。頭隨身右上扭，眼通過劍身向上看（圖5－195）。

45、上步砍（轉身）

（1）原地左後轉身向東並起立。左手執劍落身後，左手落身前（前即東）。

圖5－194

圖5－195

（2）左腳上到右腳前擺落。身左擰，劍向前砍下，左手手心向上，劍訣托右手腕，此時成交叉步（圖5－196）。

第五趟

46、跳步坐盤劈

（1）左腳略向前墊步，重心移向左腳。

（2）左腳蹬地，身騰空，向前跳落成坐盤式（前即東），右腳先落地，左腳再從右小腿後插到右腳前落地。同時，右手揮劍在身前順時針繞一立圓（練者看來）向前劈下，左手走後弧舉到頭左上（圖5－197）。

47、翻身俯步劈

緊接上式，兩腳用力蹬地，催身騰空左後翻落成俯步。同時，右手揮劍隨著身的翻轉順時針起步繞一大立圓劈下，左手與右手相距半圓，同向揮動一圈舉起，此時劍尖仍向東（圖5－198）。

48、舞花

（1）一邊身往起站，一邊右手以腕為圓心揮劍在身前

圖5－196　　　　　　　　圖5－197

（前即北）偏右順時針劃一個立圓；同時，左手以肘為圓心，反向劃一立圓，這時兩手分開。

（2）右膝撤提。同時，劍不停，繼續順時針劃半圓勾回胸前；同時，左手反向走下半圓按於右手脈門處。身略捲合，眼看右下（右即東）（圖5－199正、圖5－199背）。

49、仙人指路（轉身）

（1）緊接上式，右腳往身右前（右前即東北）擺落。同時，身右轉、右手將劍向右下揮去。

圖5－198

圖5－199正

圖5－199背

（2）再左腳扣落右腳右前（右前即右腳的東南）。同時，繼續右轉身，劍繼續向右、下、後揮去，左手基本不動。此時已轉向右半面向西。

（3）再右腳向前（前即西）邁成弓步。同時，右手揮劍順著剛才的慣性走一個正立圓拉回到右脅後，左手向前中推出。兩腳左右橫開半腳，不是前後一直線（圖5－200～圖5－202）。

以上48、49二節要連貫快速，一氣呵成。

50、上步砍

左腳上步到右腳前，右腳略跟。同時，腰身左擰，右手揮劍在身右繞一個正立圓向前砍下，左手扶在右手腕下。

51、夜叉探海

（1）左腳略往前墊步。同時，右手執劍以腕為圓心，劍尖走下半圓勾回身後，左手同步走下半圓劃到身後。

（2）再右腳上步到左腳前扣落，重心偏右腳。同時，

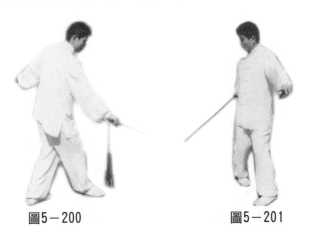

圖5－200　　　　　　圖5－201

圖5-202   圖5-203

右手執劍使劍尖繼續走上半圓轉回頭身前（前即西），左手同步繼續走後半圓劃到頭後。

（3）右腳獨立，右手將劍向前下刺出，身往前探；同時，左手走後上弧舉起。眼看前下（圖5-203）。

以上三動要連貫一氣，中間不可有中斷。

52、騎馬勢豎劍

右腳蹬地，左腳後撤一步，右腳跟撤半步成騎馬蹲襠勢。撤左腳同時，兩手也回拉，右手抖腕，將劍立起（圖5-204）。

53、轉身刺

（1）原地左後轉身成交叉步，重心在前左腳（此時前即東）。同時，右手持劍拉回胸前撐成手心向胸，劍身平、立刃，

圖5-204

下刃斜朝外上，左手也收回胸前，劍訣按右手脈門。眼看前面（此時前即東）。

（2）左腳蹬地，右腳前進。劍向前（前即東）刺出，右手翻成手心朝左，虎口朝前；同時，左手也橫揮向身後（圖5－205～圖5－206）。

54、鷂子兩翻身

（1）身左後轉，左腳略離地擺落，重心移向左腳。

（2）右腳上步到左腳前（略偏左），左腳跟步。同時，

圖5－205正　　　　　　　　圖5－205背

圖5－206

身左上翻，右手一邊裡擰一邊將劍走下半圓揮向前上，左手同步同路線揮到頭上。

（3）右腳向左前墊步。同時，劍不停，繼續走上半圓揮到身左後，左手同步同路線揮到身後。

（4）左腳上步到右腳前（略偏右），右腳跟步。同時，身右上翻，右手一邊外翻一邊將劍走下半圓揮向前上。此時面西。

55、金雞鴿米

（1）左腳向右前墊步擺落。同時，劍不停，繼續走上半圓揮向身右後，左手同步同弧揮後。

（2）再右腳上步到左腳前（略偏左）扣落，重心在右腳。同時，身左上翻，右手執劍走下半圓向前上揮起，左手同步揮起。

（3）接著左後轉身成向東；同時，左腳略撤，身彎蹲。右手揮，劍不停，向前下點去，左手扶在右手腕下（圖5-207）。

56、立正收勢

身起，同時，右手將劍向上拋起，左手反手接住，朝懷裡弧線栽下，使劍立起；同時，右手上舉。左膝提起成金雞獨立勢。左手手心朝左，右手手背朝下，劍訣指前（圖5-208），立正收勢。

圖5-207

237

圖5—208

第四節　形意鞭杆拳、趕腳鞭（鞭杆拳）

一、形意鞭杆拳

1. 立正起勢，左手提杆；2. 右手抽杆，蛇形挑襠；3. 刺心槍；4. 劈；5. 崩；6. 鑽；7. 炮；8. 橫；9. 回身豎杆；10. 撤走袖刀勢；11. 纏頭裹腦背刀勢；12. 纏頭裹腦藏刀勢；13. 上步砍；14. 跳步倒插步下勢；15. 轉盤砍頭刀；16. 倒插步削腿刀；17. 回身金雞鴿米；18. 仙人指路；19. 順步崩劍；20. 墊步上架；21. 拗步橫劈；22. 倒插步橫削；23. 回身金雞鴿米；24. 仙人指路；25. 順步崩劍；26. 併步封劍；27. 拗步炮劍；28. 撩陰劍；29. 獨立待機；30. 下勢刺；31. 轉身下劈；32. 鷂子三翻身；33. 推窗望月；34. 回身金雞鴿米；35. 撤步挑襠。

二、趕腳鞭（鞭杆拳）

起勢，左手提杆，右手抽棍，蛇形挑襠，下落回棍當頭棒，蟄步回抽弓步刺，正轉抖槍前紮，倒把後縮上下推擋，倒摟膝弓步劈（左右前行）下砍，把持，纏頭裹腦背刀勢，纏頭裹腦轉身弓步藏槍，拗步斬，摟膝夜叉探海，跳步回身下砸，後撤伏虎勢，拗步下砸，後撤伏虎勢，左手抽棍攔腰打（五個），雙手舉棒，蓋天棍，後跳霸王舉鞭，左右野馬分鬃（五個），跳步斜飛勢，纏頭裹腦，回跳上削，太公釣魚，縮步小架，衝步前推刺，跳步回身下砸，揚鞭倒把，纏頭裹腦背刀，纏頭裹腦袖刀，舉刀跨步，輪棒拗步下斬，起身跳步前衝刺，挽花扣步回身，蘇秦背劍，背抽刀裹腦上蓋，左右摟膝弓步刺，起身撤步上挽花（五步），左提步上架，虎爪前進走（五步），碎步後撤到虎爪，左手提棍收勢。

第五節　大六合槍、虎頭鉤

一、形意長槍譜（大六合）

起勢，上馬勢，進步三槍，轉身打花三門槍，斜步打花起右腳，摟膝斜步紮槍，轉身打花三門槍，斜步打花起右腳，摟膝斜步紮槍，轉身打花鎖（攔）腰槍，刺喉槍，打花槍，轉身打花進步槍，砸地換把進步攮，退步攮，刺腰槍（左、右），挖步回身槍，回馬槍，倒插步進槍，海

底撈月琵琶槍，古樹盤根穿槍，箭步獨立勢。

二、大六合槍

起勢，上馬槍，換把，刺槍，上步坐盤刺槍（3），打花轉身刺槍，左一槍，右一槍，上步打花，張飛騙馬，摟左膝刺槍，上步打花轉身刺槍，左一槍，右一槍，上步打花，張飛騙馬，摟左膝刺槍，上步打花轉身刺槍，纏腰槍，刺槍，併步接槍，進刺，退刺，刺腰槍（左、右），挖步回身槍，回馬槍（3），打花刺槍，倒插步刺槍，琵琶槍，落步刺槍，撤步換把，坐盤背槍，穿槍，接槍，金雞獨立，踢挖步（5），轉身換把，刺槍，併步接槍，立正收勢。

三、虎頭鉤

立正起勢，摟鉤顯月，金雞獨立十字鉤，卡鉤，俯步單鞭，金雞獨立十字鉤，馬步鴛鴦鉤，金雞獨立十字鉤，馬步鴛鴦鉤，雲鉤，轉身摟鉤，金雞獨立亮鉤，行步摟鉤，金雞獨立刺（摟刺），雲鉤，轉身摟鉤，亮鉤，行步摟鉤，併步踢刺，雙刺，摟，踢左腳刺，金雞獨立，打花，馬步豎鉤，雲鉤，雙豎鉤，行步打五花，坐盤下摟，翻身摟，金雞獨立刺，摟刺，跳步十字鉤，回身卡鉤，照陽鉤，箭步雙月照地，雲鉤，銼鉤，打花，金雞獨立十字鉤，三步豎鉤，打花樁步下摟，馬步照陽鉤，打花樁步下摟，馬步照陽鉤，轉身風擺荷葉，坐盤下摟，快馬加鞭，轉身俯步摟，轉身（一越），雲鉤，金雞獨立十字鉤，收勢。

第六章　形意拳械論

第一節　樊瑞峰論形意拳

——師父王文彬筆記

一、1976年3月去天津探師請教

樊師父講：

無極生有極，有極生太極，太極生兩儀，兩儀生四象，四象生八卦，八卦生五行，五行生剋變化無窮。

形意拳是最有科學根據的。

形意拳走勁力，太極拳是靜力。（記得師父王文彬還有一處筆記：形意拳是勁拳，太極拳是靜拳。）

墨子說：力是形之所以奮也。

同解析幾何、數學、物理、力、槓桿原理，固體力學。

在力學上講，力矩力偶。作用力、反作用力。

離心力，向心力，切線，接線，外切圓，內切圓，螺旋力，一次曲線，二次曲線，多次曲線。

曲線運動，空間曲線，牽引力，初速度，加速度，瞬

時速度。

《萬有引力》地球有吸引力。

力點、支點、重點，力臂、重臂。

不規矩不能成方圓。在數學上，方求圓，圓求方。

牛頓定律、奈端定律。

雞掌，虎步。

腳：沖、彈、就；手臂肩：起、提、推（提、沖、摸）。

二、其他筆記

（一）練拳注意事項

打拳不溜腿，便是冒失鬼；打拳先溜腿，功夫加倍增。打拳不用力，等於寫字不蘸墨；打拳不知意，等於寫字不識字。

打拳不活腰，終久練不好。擰腳拔根，學藝不成。抽肩調膀，勁示來復。低頭彎腰，投師不高。

（二）五行進退連環拳，試走七星八點，腳：沖彈就，手臂肩：起按催（提沖摸）。

（三）三體勢一站，十二形全有：

熊項、猴背、龍身、蛇腰、雞腿、燕行、虎抱頭、鼉臂、鷹抓、馬跨打、鳥臺步、鷹鷂眼。

（四）六掏三捵

掏：1. 白猿獻桃；2. 猴兒掏腮；3. 黑虎掏心；4. 頑熊掏膽；5. 白蛇吐信；6. 白馬獻蹄。

捵（捌）：頭、臂、肩（另一說：指、臂、腿）。

（五）

1、大杆為兵中之祖，槍為兵中之長（又為兵中之賊），劍為兵中之師，大刀為兵中之帥。

2、**形意十三槍**（太谷名，咱們叫六合槍）：窩、挑、掤、紮、擤、斬、攔、鎖、錯、蹲、抖、繞、刺。

3、**劍八字**：劈、刺、掤、點、斬、攔、鎖、錯。

第二節　樊瑞峰論形意拳械
——摘自師叔陳慶生筆記

一、形意拳基本要求

立法：

頭頂天，足抓地，身體直立，不要前俯後仰，不要左斜右歪。動作（架勢）要開而不散，威而不猛，含而不露。沉肩垂肘，虛胸實腹，豎項，虎豹頭。

基步：

又稱鮐形步，左腿向前跨一步，距離大致同肩寬。左腳與中線平行，右腳與中線成45°～60°角，兩腿彎曲，左大小腿間成銳（鈍？）角，右大小腿間成直角，腳跟與臀部成一垂直線，重心多在右腿上，約占60%～70%。

進退：

腳——沖、彈、就；手——起、隨、催。

兩肘不離脅，兩手不離心，出洞入洞緊隨身。彼不動，我不動，彼若動，我急動。迎之走側，發之進身。上

法先進身，手足齊到才為真，身似弩弓拳似箭，進步退步如閃電。

六合：

即內三合、外三合（亦有八合之說，即內加力與膽合，外加胸與腹合）

二、基本拳（即五行拳：劈、鑽、崩、炮、橫）

劈拳──

屬金，內通肺，拳走落斧之弧線。出手小指向天，拳從口出，高不過肩，另一手手心向上，位於肘底，劈時手擰麻花，左右互濟，虎口要圓。指尖、足尖、鼻尖三點一線（直），肛提、腹收、胸含，發力腰肩。

崩拳──

屬木，內通肝，拳走矢線。出手似急箭，必須占內圈。沉肩又垂肘，虎口向前進，行步如槐蟲，拳不離中線，你崩我也崩，後發反制先。

鑽拳──

屬水，內通腎，拳走升線。拳從口下出，小指翻向天，前手平鼻尖，後手肚臍前，內外力氣合，豎項腰催肩。

炮拳──

屬火，內通心，拳走切線。前手擺臂似飛輪，耳前眼後與肩平，後手好像出水龍，沉肩垂肘與乳同，肩催拳出十字腰，勁頭不整藝不高。

橫拳──

屬土，內通脾，拳走拋物線。出拳兩肘擰麻花，收腹

撐腰往下壓，拳與臍平力氣合，後手腰側待進發。

三、十二形象練法

吸取龍虎猴馬蛇雞鷹熊鮐鼉鷂燕十二種動物形象之特長，吸取到拳中稱之為十二形象拳。

在形意拳鍛鍊過程中，應當使身體的整個運動均體現出十二形象的特點（見前）。十二形象的鍛鍊不僅對於身體內臟和各個部分的肌肉關節的靈活有力效果很好，而且在技術上也相當科學。

四、器械要點

棍之十法：摔（甩？）、砸、崩、挑、架、跨（掛？）、打、抖、紮、蹲（蹾？）。

劍之八法：劈、刺、崩、點、斬、攔、刎、銼。

刀之八法：削、劈、撩、砍、刺、挑、抹、剁。

（注：陳慶生，1956～1961年在天津大學讀書時從師爺學拳）

第三節　王文彬論形意拳

一、關於「把把不離鷹抓」

抓與打的關係：

其實，鷹抓那是引手，對方一驚一頂，就是打的機會。要是對方不頂，隨進來，那就看你鷹抓的功夫，可將

245

其抒趴出去。有雙手鷹抓，如劈拳、炮拳、虎形；有單手鷹抓，如鑽拳。但不要講成絕招，如太原那個練順手拳的，一抓抒加一個腕打下巴，據說無人能破，我一個蛇形把他挑出去了。其實我的胳膊就沒離開原位，他一抒我，我順著他的勁就把他打出去了。

二、關於「三拳」

兩種說法：一種指鑽拳、炮拳、虎形，所謂「水火無情龍虎鬥」，「水、龍」指鑽拳，「火」指炮拳，「虎」指虎形。

另一種指的是熊形（肘）、鷹抓、虎撲子。歷史上，李老能擅用虎形，郭雲深擅用崩拳。後來研究發明總結出「三拳」說。

三、關於「沖、彈、就」

「沖」是說前腿往前衝。

「彈」是說後腿的蹬勁，蹬地像彈簧之勁。

「就」是說前腳落地後後腳的跟步，「就」就是「湊」，吃飯「就」鹹菜。

四、關於劈拳的演變及「打人如親嘴」

一百年前，人們練的主要是五行，後來變為十形，再後來就是十二形了。小架劈拳改大架劈拳是單刀李存義改的。李洛能、郭雲深下來的一代，逐漸改進，如張兆東、王薌齋等。

小架的特長是進退靈活，敵進我退，敵退我進。像咱們，一般來說不動，引進落空。能引進落空，才能打人如親嘴。關鍵在腰，一吸胸，一扭身，手再帶上點，就引進落空了，——這樣才能打人如親嘴。哪一行（形）都是此意（義）。

五、關於五行進退連環拳

有五行進退，有鼉形進退，有鷹形進退。

關於「五行進退連環拳，試走七星八點」，意思是該拳所走步點暗合北斗七星，及其中某星旁邊一顆小星的位置結構，這是說以前的練法，咱們的連環拳是後來改進了的，不再講究這了。

六、關於龍形和馬形

龍形：

龍有三種特長——升、穿、隱。升，能升到空中，騰雲駕霧；穿，在水面或水中一穿老遠；隱，能隱到海底。其實，龍是人們想像的動物，誰見過龍？

馬形：

馬鬥時，雙後腿支撐，身體直立起來，雙前腿向前下刨擊，——這就是馬形之意。

七、關於器械

各家形意之刀、槍、劍、棍，都不出五行拳。

八、關於拳之體用

用拳如用兵。金山說：「怎樣能把對方哄了就對了。」
——這就是虛虛實實。

反正主要是功夫。沒功夫，說下多少用法，一下也不
能用。一功遮百醜。無功等於無拳（「無拳」指不會拳術
——筆者）。

九、關於「不丟不頂」

咱們講「不丟不頂」，就是俗話說的，要進就請進來
（不頂），要走就送出去。這叫「順勢」。人家要進不讓
進，頂呢，結果人家功夫比你大，非頂進來不可。

十、關於剛柔陰陽

剛柔：

棉花裡纏鐵蛋，柔化剛發。先把剛練出來，再用柔包
住。看著是一團棉花，砸到地上「轟隆」一聲，原來裡面
是顆鐵蛋！

陰陽：

陰陽不分，一反（面）一正（面），虛不離實。

十一、關於意和真意

形意拳原叫意拳。太極拳講練意念，形意拳練意，其
實是一樣的道理。

有形有意都是假的。無意之中是真意，有意就不是真

意。有時候，有底功還可以先頂住再想辦法，若無底功，一碰就跌出去了，哪能想？

十二、關於推手

不只太極有推手，形意、八卦也有推手，少林也有推手。

推手也有花架子。隨，那是互相配合的。你打他一下，他說你犯規，那推手不是打是幹什麼？太極推手就是五行、八卦、十三勢，全是講打。不是不行，而是真正練到的很少。如蔡某某，講究是「聞風而走」，結果讓孫某某一掌打得坐到沙發上。

十三、關於「懂」和「悟」

有的人好像什麼都懂了，其實還是不懂。還要透過自己的實踐、體會、悟，才能真懂。

有的東西是說不出來的。所謂「悟」勁，為什麼要悟呢？或許會說「告給就行了麼」，要是告給就行，那還要「悟」幹什麼？

有的東西，根據理論，根據自己練的實踐，根據自己的理解、體會琢磨出來的東西，那才叫寫真呢！

十四、關於五行拳配五臟

不同意五行拳配五臟說。有的書上講，五行拳練五臟，即劈拳練肺，崩拳練肝，鑽拳練腎，炮拳練心，橫拳練脾，是不是能做到？不練五行拳就不練五臟嗎？

其實按三步功夫，循序漸進，到第三步時，實際形意拳就是氣功。能練到氣沉丹田，任督二脈循環，小周天打通，百脈皆通，哪一部分也沒病了。——這是說你的功夫，不是說練哪一下。崩拳也能練肺。

十五、關於三步功夫

第一步易骨，第二步易筋，第三步洗髓。「易」就是變化。

「功夫」這兩個字，說起來很簡單，可是往往很有學問的人也解釋不清。其實「功夫」就是時間。想速成是不行的，欲速則不達。「科學」更不簡單，「氣」裡面有哪些化學成分？也許化學專家能講清楚。

一個不要想成仙，不要走火入魔；一個不要想打老子天下第一，最後自己把自己打敗。

開始時狠下功夫練，到後來似練非練，又用力又不用力，有意無意，無意之中是真意。

易骨易筋洗髓，已經全了，你還要怎樣？易骨已經讓骨堅如金石了，你還要怎樣？

從一開始就要求以意引氣，氣沉丹田。氣沉得深了，積得充實了，一提肛，沖過三關，任督二脈循環無阻，百脈皆通，通則不痛，百病皆消。

側臥、仰臥、雙盤坐、單盤坐、散盤坐都能練。仰臥小周天很重要，很難練。兩手相對，五六分鐘之後，兩手之間有吸力、有頂力，兩手背有冷氣外冒。氣沉下去，深一點，用力一提肛，氣沿督脈上升……說起來一兩秒鐘，

自己練去，也許三年五年才有感覺，才感覺明顯。

真氣充沛了，哪會有病？

關鍵是氣沉丹田。不能氣沉丹田，大周天是假的。大河有水小河滿，大河無水小河乾。氣沉丹田不能急於求成，要慢慢積累，要用時間來爭取，即所謂「功夫」。也不要執著，不要練成大肚子，不要練出疝氣等毛病。聚則有形，散則無形。

所謂「千金難買」，並不是指不交學費，老師保守不教，而是指練到一定程度，所得到的健康狀態千金難買。

關於易骨：

七十歲時爬樓梯上房頂，踩空凳子仰面展展摔倒。趕三媳婦跑過來看時，早爬起來又上房去了。若換別的老人，恐怕早骨折起不來了。

關於易筋：

筋包括肌肉、內臟、血管、韌帶、皮膚等等。剛開始練功後飯量增大，後來好像胃壁變厚了，撐不開了，雖想吃而飯量變小。皮膚比一般同齡人嫩。近兩年又出現了一部分黑髮。一切都在變。筋不縮，不貓腰蜷胯。

關於洗髓：

骨髓充滿骨腔，不萎縮。也許還跟年輕時一樣是白的，沒變黃。

十六、關於排除雜念

還有排除雜念，難呢！得好好地鍛鍊，才能做到：打拳如禦敵，有了雜念就不行了。如練劈拳，想如何把人提

起等等。

十七、關於筆記

我那個筆記本上的東西，你都抄下來了吧？那上面大部分是我1976年50歲（49周歲）去天津看望你師爺時，記錄你師爺所講的。

關於「拳者，力之奮也」，關於「形意拳是勁拳，太極拳是靜拳」，你自己體會吧。

十八、關於寫書

不要太直白，不要一覽無餘。不要全實寫，要虛中有實，實中有虛。要讓讀者動腦子去理解，要給讀者留下思考的餘地，要啟發讀者自己去領悟。要看一遍有一遍的收穫。要有味，要有長久的魅力。

還要結合別人的文章，別人的書，加以參考。

（注：2001年8月7日、8日）

第四節　三步功夫說明（王文彬筆記）

易骨者，明勁也。練習時身體動轉必須順遂而不可悖逆，手足起發必須整齊而不可散亂，為之築基壯體，充足骨髓，堅如金石，而氣質形容如山嶽之壯。此謂之初步功夫也。

易筋者，暗勁也。練時神氣圓滿，形式綿綿，舒展運用活潑不滯，為之長筋騰膜，全身筋絡伸展而生無窮之

力，此謂之二步功夫也。

　　洗髓者，化勁也。練時周身動轉，起落進退，伸縮開合不可用力，將神意蟄藏於祖竅之內，身體圓活無滯，形如流水，其心空空洞洞，而養靈根，此謂之三步功夫也。

第五節　四梢三心歸一說明

　　蓋人之一身有四梢，曰血梢、筋梢、骨梢、肉梢是也。此四梢者一動，而能變化常態。

　　髮為血梢屬心，心怒氣生，氣沖血動，血輪髮轉（血動髮立？），精神勇敢，毛髮雖微，怒能衝冠，氣足血旺，力能撼山。爪為筋梢屬肝，手足指功，手抓足蹬，氣力兼併，爪生奇功。齒為骨梢屬腎，骨實齒堅，化精填骨，保齒之堅，最忌熱涼，冷冬炎熱（夏？），唇包齒藏，年邁者老，上下成行。舌為肉梢屬脾，脾腥舌靈，胃健肉長，坤田氣壯，肌肉成鐹，充實臟腑，剛柔悠揚。

　　三心者，手心、足心、即心是也，用之手心要扣，足心要玄（懸？），人心要靈。明乎四梢增神力，明乎三心生靈炁。四梢三心要合全，精神勇敢力推山，氣動心意隨時用，硬打硬進無遮攔，遇敵要取勝，成功須放膽，四梢三心歸一體，運（用）靈活一混元。

第七章　形意拳淺論

第一節　樊家形意拳理法

釋　名

「樊家形意拳」的名稱，是樊瑞峰先生之徒王文彬先生的叫法，如他把宋世榮先生所傳叫宋家形意拳；把布學寬先生所傳叫布家形意拳，這是汾陽話，也可叫做樊式（氏）形意拳。車派樊家形意拳是中國形意拳的優秀流派之一。其練法講究科學，其理論對傳統形意精髓進行了深刻的揭示提煉。

中　正

樊家形意拳之立身，要求百會與會陰上下對成一線，背微彎，虛胸實腹，豎項沉肩，包臀塌腰，此謂之「中正」。語云：其身正，不令而行；其身不正，雖令不從。凡前傾後仰左歪右斜挺胯撅臀，皆不中正，必有手足不聽大腦指揮之弊。其沖拳踢腿邁步擰腰，必有費力不如意之處。

單　重

兩腳前虛後實，體重分配前三後七。後膝開而扣，後腳向裡扭勁，前腿微彎，兩腳腳趾抓地，腳心空。臀開而夾，肛微提。胯正腰坐。此謂之「單重」。

單重則自身內部力的豎向傳導路線明確，從後腿到前手，腳、膝、胯、背、肩、肘、手，一線貫穿，清而不濁，靈而不滯。

沖彈就

前腳進為「沖」，後腳蹬為「彈」，後腳再跟進為「就」。沖彈就是傳統形意之精華，拳經云：「行步如槐蟲」，又云：「打人如走路」。其要領為後腿腳催膝、膝催胯、胯催腰，前腿腰催胯、胯催膝、膝催腳，後腳致動，前腳制動。

提沖抹

樊家形意拳有「提沖抹」之論，王文彬先生注釋為「三折合一弧」。

有此論，則劈拳、虎撲之沾身縱力法上升到理性自覺的高度，定型為精確的練法。傳統理論之「起鑽落翻」，「起亦打落亦打」，「打起打落如水之翻浪」得到了落實的保證。不明此論，則劈拳虎撲之「起」可能練成閑手，明此提沖抹之理則無閑手，且槓桿加速度原理，曲線折線原理含在其中矣。

來復勁

練成「來復勁」，則「腰為主宰」、「周身一家」趨於完美。一手出一手回，二力以腰、腿、意、氣相連，相反相成，相等相加，如開弓，如撕綿，如擰繩。全身真正一動無有不動，回手不閑，全身都有用，都在構成和加強整勁。

樊瑞峰先生言：「擰腰調膀，勁示來復」。練時腰背肩如鼗（撥楞鼓）之撚轉，兩手由中線螺旋出入，緊挨而過。沉肩垂肘，虛胸實腹，腿蹬腰擰，膀調丹田催。先以徐行，繼而急轉；先以蘊蓄，繼而奮發。

橫豎勁

人之兩腿分開一立則成一平面。幾何：兩條相交直線確定一個平面。發力方向不出兩腿所成平面，且與後腿（相對的後）蹬勁方向一致則為「豎勁」，否則為「橫勁」。發力方向與敵兩腿所成平面相交（含垂直）則為「豎打橫」。自身發豎勁則省力，且觸敵有強勁支撐力，力學效應好。同樣的胳膊腿，發豎勁則省力，事半功倍；發橫勁則費力，事倍功半。豎打橫則利，橫打豎則鈍。同樣的材料，做成不同的結構，會有不同的力學效應。俗語：立木頂千斤。形意之豎勁，其理深且精矣！

清代武術理論家吳殳曾極言豎勁之理。八卦掌講「橫走豎撞」，太極拳講「發力一貫穿」。勁有橫豎，豎勁主導，明瞭橫豎，事半功倍。形意整勁乃一彈性豎勁，己之

手臂肩腰胯膝足如一大彈簧，久練手足相通，擊敵如一彈
簧（千斤頂）間（立）於地敵之間，令敵催敗。

王薌齋先生有言：「以地為身，以身為拳。」豎打橫原
理，即是「人」字原理，捺為豎，撇為橫，各面各向均如
此。以豎擊橫，如雷達天線之跟蹤目標，暗調己身，以己
之豎跟蹤對方之橫，伺機以擊之。

鴛鴦椿

一腳獨立支撐，另一腳提起緊靠支撐腳內踝，腳掌
平，此謂之「鴛鴦椿」。

樊家形意拳的劈鑽炮橫等拳，虎鮐馬等形，墊步均要
成為此椿，作為下一步進擊之預備。此椿之明確設立，進
一步保證了形意拳乾淨俐索之身法，緊湊嚴密之整勁，經
云：「步步不離雞腿。」

螺絲拳（也叫伏魔拳、猴拳）

螺絲拳是形意拳的發明，與形意拳整體身形身法結構
和諧統一，但有的流派用之，有的流派不用，樊家形意拳
則堅持此種拳形。

王文彬先生言：「握拳如捲鞭」「螺絲拳擊力不一定比
平拳大，但對方之受力不一定比平拳小，因其受力面積小
很多。」螺絲形銳，面小力強，此乃壓力壓強之理。

螺旋勁

樊家形意拳演練時出手入手擰螺旋，一絲不苟，公

轉自轉，仿天地自然之理。王文彬先生晚年為弟子做示範時，進擊甚為含蓄而自旋則毫不減弱，旋轉甚於衝擊。自轉進退則角動量守恆，方向穩定，能自動排除和跨越一定強度的干擾和障礙。拳走中線，臂擰螺旋，遇擾能排，著肉自鑽。螺旋勁也是豎中寓橫：進退（指向）為豎，旋轉為橫。

勢能與動能

樊師叔：「重力勢能變動能」，「一束力」。

中　五

陳師叔：「中五不變」。

曲　直

樊家形意拳之架勢舒展不拘，各大小關節彎曲度和諧一致，無過直過曲過僵過軟之處。開而不散，威而不猛，含而不露。王文彬先生言：「直則容易失，曲則發不出」。

方　圓

樊家形意拳之動作方圓兼備，轉換之處精密自然，無死角，無勉強。全身有機聯繫，一動無有不動，一靜無有不靜。沒有任何局部之妄動，動必腰腿，動必整勁。無動不整，無微不整。

如劈拳雙手挒回後，有一個吸胸擰腰提拳的動作，將上一步之挒與下一動之墊步鑽（橫）拳銜接得自然和諧。

剛 柔

王文彬先生言：「棉花裡纏鐵蛋，柔化剛發。先把剛練出來，再用柔包住。看著是一團棉花，砸到地上『轟隆』一聲，原來裡面是顆鐵蛋！」柔具有彈性、韌性、緩衝性、變化性，剛具有攻擊性、爆炸性。

遠 近

樊家形意拳在可能的情況下，走近路不走遠路；具體地說，走中線不走邊線，走直線不走彎線，走曲線不走折線。中近邊遠，直近彎遠，曲近折遠。拳從心出近，拳從腰出遠；拳從口出近，拳從肩出遠。縱向順遂化打一圈近，橫向劈砸格擋遠。從人則近，由己則遠。遠拳近肘貼身肩，遠腳近膝貼身胯，此是近；離開具體情況專講拳功、腳功、肘功、膝功，此是遠。

太極拳論：「本是捨己從人，多誤捨近求遠。」從所當從是近，從所不當從也是遠。

先 後

彼不動我不動，彼微動我先動。意在人先，後發先至。先動則有隙可乘，彼因慣性回救不及；後動乃因敵之隙而動，己身有隙敵無能乘也。

有 無

拳法，王文彬：「形意拳練到最後什麼也沒了就對

了。」用法，遇敵有法，不遇無法，莫為法累。王文彬：「你問我這一拳怎麼破，哪一腳怎麼破，我哪知道？對方來了才知道。你想的破法，人家變了，怎麼辦？」內功，王文彬：「聚則有形，散則無形。」莫為氣累。拳經云：拳無拳意無意，無意之中是真意。

形　意

形意拳是形意並重、形意互動的拳術，心意誠於中，肢體形於外。太極拳也講究：意氣君來骨肉臣。王薌齋：以意導力，以意檢身，意動形奮。

樊家形意拳在習者拳形大處已基本規範的基礎上，強調重視拳意之研練，進一步地以意調形，以形得意，心思會悟，默識揣摩，久練趣味無窮，拳藝不期進而進矣。

以提沖抹之意，導提沖抹之形，以撕綿之意，導撕綿之形，以入木三分之意，導入入木三分之形之力。意可以領導形在宏、微、內、外各個方面達到比較極端的水準。

微雕大師用精微之意指揮手指用精微之動作刻出用高倍放大鏡才能看清的字畫；默劇大師用逼真之意調度其身體憑空做出逼真之動作。

意之作用不可忽視，亦不可誇大。意要由形起作用，而不能離開形單獨起作用。就形論形則滯於跡，就意論意則涉於虛。

形為拳本，意為拳魂。形意拳一步功夫時尚不深究拳意；二步功夫時乃求意之精微，意愈精微而形愈精妙；三步功夫時則處於有意無意之間耳。

省力與費力

槓桿原理：力臂長則省力，力臂短則費力。加速度原理：同樣的終始速度及被加速品質，加速時間長省力，加速時間短則費力。所謂沾身縱力，即是適當延長加速時間爾。以鈍角與人對抗則省力，以銳角與人對抗則費力，這也是槓桿原理及分力合力原理。

銳角與鈍角

樊家形意拳之間架結構，全身大小關節彎成鈍角。一則氣血暢通，筋脈舒展；再則照王薌齋先生的說法，鈍角結構有預應力。鈍角骨架內外之筋腱肌肉猶如彈簧之撐拽，壓之則縮，離之反彈。

在二力對抗中，若上一關節被壓成銳角失去預應支撐力，則棄之不用，改用下一鈍角關節支撐，其出擊點亦相應地改變。拳經：「拳打三節不見形。」銳角則走，鈍角則掤，棄銳用鈍，預應支撐。

懂　勁

樊家形意拳不練對打，講懂勁，推手輔助練拳，適當的推手訓練有助於學者進入懂勁之門。練形意拳初步懂勁之後，在懂勁指導下再練拳，默識揣摩，技藝日精，其著熟、懂勁、神明之進階與太極同。

形意拳懂勁後之用，應能在有意無意之間，自動地避遠就進，避實就虛，棄銳用鈍，捨費力取省力，以豎勁擊

橫勁；隨曲就伸，捨己從人，當柔則柔，當剛則剛，當連則連，當斷則斷，當丟則丟，當頂則頂。

化打一圈

樊家形意拳基本上沒有橫勁練法，將橫勁隱於豎勁之中，橫裹勁中以豎勁作領導，形成化打一圈的練法。如鼉形不是橫撥，而是平縱橢圓自轉外分；雜式捶中的退步劈拳（白虎洗臉）不是兩手輪番下劈，而是斜縱橢圓自轉裡裹，叫做「倒攢猴」。以上內部都有隨化勁。

對方擊來，若橫向劈架格擋對方之手，則易為敵閃空，此時己手已離開中線，由於慣性，回救不及，從而被敵二次攻擊所中。任何物體，一動甚至一欲動便會有動之慣性。對方攻擊之時，應施以隨化粘裹，邊捋帶邊略加橫撥，使其彈性勢盡，或使其力達於我身之縱切面，如膠之粘，如漩渦之吸，如濕麻繩之纏，劃圈以化之，或半圈化，半圈擊發。

其理：豎省橫費，曲近折遠，粘安碰險。凡物運動都有慣性，已動必慣，回救不及。其化發吞吐，相當於一種彈性接觸，能吸收對方能量，此種化發一圈練法，必須以腰帶動，吸胸轉腰斜身，整體轉動。李亦畬：「緊要處全在胸中腰間運化。」

基礎訓練與典型訓練

練形意拳不可平均分配時間和精力，要有主次。主要者應常練不懈，次要者間點練之即可。但也要注意博約

與身心的關係，練拳應由約到博，再由博返約，再由約返博。王文彬先生晚年自編一套比較複雜的綜合拳，每晨首先演練一遍，其用意深矣。

俗與脫俗

拙勁是俗，油滑漂浮也是俗。前一種易出於青壯年，後一種易出於中老年，真正追求形意真藝者不應有此。練形意由站椿、走勢，將全身各大小關節先鬆（斷）開，再連住，王文彬先生所謂「鬆、順、真、整」。

首先應由站椿將上下身從腰部斷開再連住，下部猶如汽車底盤和車輪，上部猶如車身。不過站椿關永遠不脫俗。所謂「真、整」，內部要有矛盾，否則無奇，不能脫俗。孫祿堂先生述郭雲深言：「如推有輪之物」「如邁步過大溝」。王薌齋先生：「桓桔發力」。

練形意拳首重站椿，擺椿式如同初步將面和起，站椿如同醒面，練拳如同揉面。把和起的面醒一醒揉一揉，再醒一醒，再揉一揉，久之麵筋道了，豁然貫通，自有脫俗之時。

第二節　武術隨想錄

內家三拳都是怪拳，形意拳的刺殺運動，太極拳的勻速運動，八卦掌的走圈運動。

不對等打法，即除根打法。

形意拳打法的最大秘密其實是很公開的，即渾身齊

到。

王文彬先師說，形意拳是剛、柔、化；太極拳是柔、化；長拳是軟、硬、快。

立意：《形意拳術抉微》：立意要疾。

一出手，八卦、太極、形意全有。

形意拳是大巧若拙、大智若愚、大勇若怯。用時既省心又省力；簡單含複雜，複雜變簡單。簡單化、一鈕化、傻瓜化。

以掤勁與人相接，相當於在機械部件的結合處加一個皮墊，或如擰螺絲時，前面套一個墊圈。馬海龍先生說：「掤勁就是在二力之間加一個緩衝區域。」

看《武魂》1996年第12期，楊立德先生文《五行連環槍與實刺》仲介紹清代著名槍法家潘佩言說：「二人對槍有兩種形式，曰二、曰叉，二以取人，叉以拒人。此叉彼二，此二彼叉，叉二循環。」「二」是平行線，「叉」是相交線，二人對手也是此規律。根據形意拳理論，應強調，叉二合一，叉二同時。

形意耦合：久練意促進形，形體現意，形中有意，形意不分。練功就是形與意在自己身上與心中的累積和沉澱。

泛秘訣論。什麼是秘訣？我知你不知，知而不告者為秘訣，告而不強調者仍為秘訣。

站樁如醒面，練拳如揉面。要想麵筋道，必須經過長期反覆的和、醒、揉，即量變而得質變。

借力有兩種：一種是順向借力，一種是逆向借力。又

各分為二：順向借力有挬採順借與打發順借，逆向借力有對頂逆借與對拉逆借。功深借功淺易，功淺借功深難。深能測淺，淺不能測深。

功是巧的強大後盾，無大功則無大巧。當然有大功不見得就有大巧，因為還有一個心法正不正的問題。

椿愈穩，則身愈靈，勁愈巧。

形意拳既健身又健心，是防治各種心身疾病的靈丹妙藥，須堅持常服。

形意拳的練用法是寫實與寫意並重的，一拳多解、一勁多用是普遍的現象。

「橫」之四要素：①中；②豎；③自轉；④隨動壓迫。

大道無形，寓於有形。共性寓於個性之中，典型含一般。

勢險節短，王文彬先師說：往那一站，就是一個打開的老鼠夾子，對方一碰機關，就把他夾住了。

顧打合一，以豎打橫，機會對等，互相滲透，就近捨遠，棄銳用鈍，「人」「入」互換。

一鷹抓、一虎撲，對號打法。

「出其不意，攻其不備」，人在什麼時候最不意、最無備？是在他進攻別人的時候。沒有無缺點的進攻，進攻必出空檔。

敵欲制我，必須隨化及時，不可使自己勢盡，要趁勢未盡而變之。

靈活不是妄動，妄動是應該拒絕的。以妄動為靈活，

是極大的誤解。（佚名）

鬆、別、打，鬆是擺脫控制，別是反控制，打是進攻。

金山：形意拳講究「引進落空，剛、彈、抖、炸」。

內三合的兩個版本：①眼與心合，心與氣合，氣與力合。②心與意合，意與氣合，氣與力合。

黿形的兩個版本：①黿形；②鮀形。

站樁的合乎規矩是一個過程。

一通百通，百通一通。由約到博，由博返約，再由約返博。

形意拳的三體勢身法，本身蓄有彈性勢能，故發時直接變為動能。表現為無預動，一拍打法，惰性發力（王薌齋）。

意頂勁不頂，勁讓意不讓；意撐頂，勁含蓄。

柔能克剛一例：濕衣纏身。

老百姓說人：「哪股筋不對的呢？」這話很有啟發意義，練拳就是順筋。

後頂前不頂，前讓後不讓。

隨是手段，不是目的。隨是為了不被動，並且在不被動的前提下找機會。

肩關節用「頂筷」模型，炮拳、鮀形用「圓規」模型。

螺旋、風車、風箏、帆，能將橫力變成豎力，豎力變成橫力，其實就是用一個斜面作為橫力和豎力的媒介。

蓄發：「爭力」、「矛盾力」就是用一種對立的、反面

的力量，制約正面的力量，使正面的力量蓄足了再統一爆發出去（先爭足，再斷絕）。蓄發不是邊蓄邊發，隨蓄隨發。就像等錢攢足了再統一花出，能買大東西。水庫蓄滿了水，再大開閘門放水。蓄勁如蓄水，發勁如決堤，蓄足後一決出之。此種力是在自然力的基礎上，由意導形得到的。

意是引信，後腳是引擎，腰腹是中轉站，丹田是全身應力集中處。

洗腦：形意拳練到一定程度要加強意練，洗腦，形成形意拳的思維方式和行為方式。

打近如打遠，一中如不中。

形意拳的道理還在五行、十二形那些動作裡面，這些動作就是容器，低、中、高各級道理都裝在裡面，不要拳外尋理。

人勁大，我不知道；我勁大，我也並不知道，就是說，讓他自己內部勁大，而不應當讓他對我勁大。

接手不接勁，給手不給勁，給虛不給實。以意接形。

挽（縮）：一個正確的形意拳定勢，就是把勁很好地挽（縮）住了。

主動與從動之別，問與答；王薌齋：因、應。

練形意拳極難，故極易被各種俗拳同化。王文彬先生說：「要練功，不要耍拳。」「不要受別人影響。」

靜的中正與動的中正有所不同。

化勁，師舉例：珠算高手在報數與撥珠之間，是來不及經過大腦的。

自然勁：不可小看自然勁，看人如蒿草，打人如走路就是自然勁。有報導說，有人把特別乾淨的玻璃窗撞碎，這就是自然勁。

先師：吸胸含腰。

所謂「三折合一弧」，一弧是三折的內切弧。

老家話的「採」，「捯」，「捋」，恐怕正是「採」「捯」「捋」之本意。

兩手走相交線，於是對方不知道你的手是從哪鑽出來，是自然的刁鑽拳。

鴛鴦樁是「立正」，三體樁是「稍息」。一「立正」、一「稍息」，一奇、一正。

金山把炮拳預備叫「葉底藏花」，好！

師：「身如撥浪鼓」。師爺：「身如鼗」。

師與樹推手。

師之拳，其味如五百年陳釀。

附　錄

中華武林獨樹幟　樊家形意有傳人

——記恩師王文彬

（一）

　　樊家形意拳，尤其是由車毅齋大師高足樊永慶之子樊桂（字瑞峰）在繼承父傳的基礎上改革、發展、定型的一支形意拳，其練法與眾不同，並有獨特新穎的理論創新。

　　山西省汾陽市肖家莊鄉孫家莊的王文彬老拳師（1927～2003），青年時代在天津做顏料店的店員時拜樊瑞峰先生為師，學得此拳，視為珍寶，刻苦磨鍊，孜孜以求，其造詣在五十餘歲時已達爐火純青之境。

　　觀王文彬先生演拳，其拳勢極其柔順而又內含堅剛，極其方正而又圓通，極其規矩而又自然；無絲毫之妄動，無絲毫之勉強；出手成章，動即為法；渾圓一氣，周身一家；勁力老到，氣質虛靈。超凡脫俗，出神入化。對於形意拳之中正、和順，九要之身法，六合之整勁等等，先生均能以身精確表現之，誠非親見者所難於想像也！

271

（二）

　　王文彬先生所練的劈拳，其要訣為「提、沖、抹」三折合一弧，三體椿、鴛鴦椿交替變化，身手足同起同落、同動同止，真正能體現出「打起打落，如水之翻浪」的要求。前後手以腰、腿、意、氣聯絡如一，密切配合，相反相成。演練時，他腿蹬、腰擰、膀調、臂旋、丹田催，周身曲曲折折往前送出整勁，「提、沖、抹」三個勁一氣呵成，不拙勁，不憋氣，不妄動，神舒氣靜，從容自得，令人歎為觀止！

　　在技擊上，這種「提、沖、抹」的走勁，加上前腿對對方下盤的自然封閉作用，更易於將對方拔根拋出，完全符合物理學中的省力原理，是一種典型的「沾身縱力」打法。「抹」勁也叫「劈」，也叫「拍」，打人如拍皮球，拍勁越大，跳得越高，能使人騰起跌出，術語叫做「打陰返陽」。王文彬先生分析說，人在拔根後仰即將失去重心的時候，如再繼續加力給他，他為了恢復平衡及緩解跌勢，必然本能地彈跳後退，騰空後跌是敵我雙方二力合一力共同造成的，這也是武術借力打人之一種。

　　王文彬先生之崩拳為半步崩拳，左前右後不換步，進步「沖、彈、就」。在定式時，後腳前掌扣在前腳內窩，後膝在前膝稍後緊夾，重心主要落於後腿，極吃功夫。勁力上講究擰腰、調膀，「來復」勁，擺動力，出手回手擰螺旋。他練的橫拳，有橫之勁，無橫之形，豎中寓橫；兩

手對拉，反向自轉如擰繩；前手走拋物線，滾壓而進，顧打合一。其鑽、炮二拳，亦各盡其妙，任你反覆觀摩，終有不知勁來何處之慨。——其五行拳造詣精深若此！他曾筆記其師樊瑞鋒先生言曰：「劈拳走弧線，崩拳走矢線，鑽拳走升線，炮拳走切線，橫拳走拋物線。」

　　形意十二形中的鼉形，王文彬先生練的是兩臂在腰勁帶動下的前後長軸、左右短軸的外轉橫橢圓運動，走起來極盡回環婉轉之能事，身姿優美，為僅見之練法。還有雜式捶中的倒攆猴一式，王文彬先生青年時在太原晨練，一著名形意拳師見而奇之，遂為該拳師示以用法，後來王文彬之師樊瑞鋒先生回榆次老家路過太原小住，該拳師在公園尋到樊師，邀與座談，深究形意拳理法。

　　王文彬先生所演練的五行進退連環拳、雞形四把、龍形八式、雜式捶、五虎斷門刀、六合槍、形意八卦劍、武松棍、虎頭雙鉤等拳械套路，都有奇妙之身法和獨到之勁力表現。如連環拳之「白鶴亮翅」、「蓋掌」，四把拳之「降龍伏虎」、「金雞抖翅」，雜式捶之「倒攆猴」，又如形意八卦劍之「青蛇撥草」，武松棍之「轉身回環刺」接「前絮後盾」等招式，都是別處未見的獨特練法。

　　其「白鶴亮翅」之展身外開接吸胸剪手；「倒攆猴」之兩臂垂肘、自轉裡裏，「青蛇撥草」之擰腰進步、把動尖不動等等，外形精緻，內含深邃，非親睹不能知其奇，非親試不能喻其妙！

　　更有可貴者，是王文彬先生練拳生活化，生活練拳化。一動一靜，一言一默，一呼一吸，俱是練拳，時時在

練，處處在練；靜不離乎形意之間架結構，動不離乎形意
之身法走勁，一吸一呼，不離乎丹田聚散與周天運轉，謂
其超凡脫俗，豈虛語哉！

（三）

王文彬先生所講的形意拳用法，以後發先至、顧打
一拍為主，先化後打為輔；主張捨己從人，不丟不頂，反
對主觀武斷冒險進攻；講究橫豎勁、反射力；夾封帶打，
打破不分先後；打本不打梢，用本勁不用梢勁；打人如親
嘴，如嬰兒吃奶；重懂勁，見景生情，自然反應，拳打兩
不知；逢善則善，遇惡則惡。

他根據形意原理設計的破擒拿法、破摔跤法，簡單
巧妙，某些在一般人看來很厲害的招式，他能輕易破解。
當地武術界傳說文彬的劈拳功力很大。他解釋說，劈拳較
善，易控制不傷人，故常用。他以劈拳式與人搭手，粘隨
如膠，壓迫如樑，活變如蛇；顧法嚴密，動微而效巨；常
以一臂控制對方兩臂，使對方各種手法均不能得其門而
入，人稱「鐵門扇」。

其以單臂用於技擊，無論怎樣搭手，顧打只在一轉之
中完成，確為絕技！中年時，曾以此式將師弟王新遠的連
環崩拳粘住，將其抖跌出去。直至七十歲時，單臂伸出一
灌勁，雖青壯亦難撥動。

王文彬先生之內勁，似剛而實柔，沉重而靈活。前
輩李存義先生曾把這種內勁叫做「暗柔」之勁（見孫祿堂

《拳意述真》）。王文彬先生則把這種勁比喻為「日本憲兵，見官加一」。

一次，先生與一太極名師推手時，對方突然打一個搬攔捶，口說：「文彬，我用你們的崩拳打你怎麼辦？」只見文彬先生被搬開的手原地不動，正好封住對方的搬手，另一手按住對方攻手稍緩衝，用整勁輕輕一抖，將對方發得噔、噔、噔單腿向後跳出數步才站住，驚呼：「好大的功呀！」

有一壯年拳師練排打功時文彬先生在場，只見此人三體勢一站，師兄弟甚至他師父揮拳打擊胸腹肋部如無事一般。其師說：「文彬試上一下？」先生笑而不答。該拳師說：「王師傅試一下吧。」文彬先生說：「那你注意點兒，要感覺承受不住就往後退，以免傷你。」等他站好後，文彬先生一拳打去，該人仰面朝天躺在地上，半天才坐起來，不住的揉腿，說這一拳把他的丹田氣打得鑽到腿裡了，憋得不行。

1976年王文彬先生49歲時去天津看望其師樊瑞鋒先生，在公園經人介紹與一拳師搭手。該人突然襲擊，一搭手便猛發一個採捋勁，同時大喝一聲：「封門閉戶！」意欲先聲奪人，先發制人，一招致對方於難堪敗北。文彬先生並未料到這一下，完全是出於本能地隨其勁鬆送己臂，趁其落空一驚一懈之時，以一臂領起他雙臂，用一炮掌將其打出，使該拳師身後一練摔跤的旁觀者也被碰倒。

事後得知，該拳師是名師之徒，有名的大力士！王文彬先生的弟子王貴虎常說：「我就佩服王師父，總是不慌

不忙，怎地來也有辦法。看他文文飾飾，慢慢悠悠，跟誰也沒脾氣，哪像個鬧武的？」

（四）

王文彬先生教徒弟也很有特點，特別注重三體勢樁功和五行拳單練，以找整勁為主，兼講招法技巧，巧不專練，寓巧於功。常言：「溫故而知新，本立而道生。」「學會畫關公像，就能畫好一切像。」他教學從不躐等，從不以花招取悅弟子，而又能循循善誘，使真正的求學者心動相隨，欲罷不能。

他對每一個弟子都循序漸進地嚴謹教授，始終如一地嚴格要求。尤其是對遞了貼的入室弟子，雖從其多年，仍經常用最初提出的規範、要求來檢查、糾正之。

他說：「理者立時可得，拳則循序漸進。」「練拳如煉鋼，外形好比是礦石，越正確的外形，所含有效成分越多。」「形意拳是由外形養內氣，十年練功，十年養氣。久練可進入氣功態。」又說：「練形意拳是淺入深出，越學越深，求之不盡。」他還經常告誡弟子：「一、不要冷開冷收；二、要多站三體勢；三、用氣用力要自然，要用時間來爭取，不要求速成，以免出偏自傷。」他在教拳過程中所表達的對形意拳的深邃認識及精闢論述，令人嘆服！多年來，王文彬先生在武術教育上成果累累，弟子中各個年齡段的都有，佼佼者不乏其人（其早期弟子多為代師授徒性質，後由其引薦拜於其師樊瑞鋒先生之門）。

　　王文彬先生教拳，既嚴格要求，又循循善誘；既傳之以藝，又導之以德。他經常對弟子進行尊師教育，常告弟子：「不要忘了一拳一腳是哪裡來的。」又講故事說：「某甲有一個新發現，在飯桌上某乙不以為然，說『誰要照你那樣做也會發現的，沒什麼了不起』。某甲並不急，他拿起一個生雞蛋，平靜地對某乙說『你能不能把這個雞蛋立在桌子上？』乙說『那誰能？』甲說『我能』。說著把雞蛋一端蹾破立於桌上。某乙見此，又說『那誰不會？』某甲於是譏之曰『看，你就是這樣的人！』某乙頓時羞愧無地。」

　　觀當今武林中，少數不肖之輩，欺師滅祖，賣師求榮，率爾自立門戶，自封祖師，偽託神授，欺世盜名，則文彬先生之教誨不亦宜乎？

（五）

　　形意前輩白西園先生曾說：「練拳術者，練一身極好之技術，與人相較亦極其勇敢，至容易練，十人之中可以成七八個矣。若能教育人者，再自己功夫極純，身體動作極其和順，哲理也極其明祥，令人容易領會，可以做後學之表率，如此人者十人之中難得一二人矣。」（《拳意述真》）王文彬先生，其藝得之於乃師樊家形意嫡派真傳，身體力行，心思會悟，下真苦功者半個世紀，深得其道，深悟其理，而又嚴教慈訓，廣傳門徒，培養後繼，以光師門，其人其藝均為我中華武林無價珍寶可知矣！

山西車派樊系形意拳傳人略表①

始祖岳武穆王岳飛

姬際可（字隆風）

曹繼武

戴龍邦

李洛能

車毅齋

李復貞	樊永慶	喬錦堂	呂學隆	王鳳翽
孟天錫	孟興德	白光普	李發春	布學寬
王福元	楊德胂	武　杰	郭　崐	王丕春
王之貴	賈　楨	劉　儉	王培本	趙　鈺
喬錦章	李振邦	車兆烈	車兆俊	車兆杰

①注：本表車毅齋傳人、樊永慶傳人、樊瑞峰傳人由樊宜興提供。

樊永慶傳

樊瑞峰（子）	楊永蔚	劉守先	樊貴吉
范連蠻	石俊峰	開俊卿	呂憲武	陳際德
高克成			

樊瑞峰傳

樊宜興（子）	崔景崑	劉德蔭	張　斌
楊君甫	呂述茂	張海誅	高壽慈	王桂林
孟兆林	劉英杰	王紹志	祖家禾	祖家海
楊文生	任松林	王凱彬	藏雙傑	白萬秀
井　偉	張義廷	趙永增	韓文亭	周清堯
張忠傑	任家祺	梁海珠	郝麗生	張繼龍
周紹鸞	孫鵬蔵	劉鑄唐	張雲山	劉明其
苑瑞鑫	孫　震	陳　勇	吳光喜	王　渭
陳慶生	范敬淹	唐大任	唐大凱	郝興淦
陳洪年	雷振有（重三）	王文彬	王興遠
王艮遠	王明遠	魏文魁	岳　聯	張繼龍
李惠先	王合義	高士坤	劉華甫	龐鳳斌
劉寶馳	呂有全	高鴻賓	高兆奎	武福全
王炎連	張　辛	秦　淳	柳殿君	孫文會
吳繼州	馮寶舉	王庚辰	趙金銘	陳玉田

尹慶田	李鳳岐	童春華	李元坤	郭家屏
郭家營	梁興橋	張新忠	王嘉華	李伯泉
張鐵庚	逯金榜	鄭 杰	趙鴻倫	王修明
鄭秀明	孫景泰	李貫如	李松林	李永強
曹立杰	李玉明	左永祥	鄭恩科	李恩元
鄭春義	鄭榮先	張炳寅	徐景翔	劉樹全
陳書田	田秀生	田文進	田乃樓	王仁豈

等等如有遺漏請本人或家屬告之。

王文彬傳（入門弟子）

王子英（子）		呂培峰	曹占成	王彥柱
王貴虎	李兆祿	張金山	宋太金	武振彪
賈子彪	曹如其	郝登恭	王銀輝	任守富
劉少輝				

部分從王文彬先生學藝友人

張希勳	馮元灝	郭樹潤	程志龍	冀立柱
冀維青	梁振發	張金玉		

王文彬先生弟子

任殿勝	賀吉榮	王廷瑞	段安壽	高振基
郭守貴	史振榮	任振聲	任金柱	任忠治

孫應科	韓慶聰	張　曄	郭東巧	張永強
高聲旺	賀廣貴	高振年	武春榮	李生亮
冀述堂	陳茂山	張開福	韓發亮	王子明
王子山	韓守玉	曹　智	岳錦雲	楊成富
呂新杰	杜萬亮	張永生	任克儉	武承錦
高振基	文天威	薛二黑	劉起山	武計平
武吉祥	郭曉毅	郭耀忠	高玉東	高玉珍
高清夏	白　准	韓發亮	李毓虎	許樹新
王曉麗	張開福	張富太	穆廣智	馮丕龍
趙禮樸	任相中	趙百年	李馨山	李　林
曹炊業	張　義	王雲文	郭天福	曹興柱
王仰繼	張新久	張會嶺	張大智	王銀會
張彥軍	郭兆明	王子濤	王　偉	麻海全
張力強	王希功	王寶江	王宏江	

導引養生功

全系列為彩色圖解附教學光碟

張廣德養生著作　每冊定價350元

輕鬆學武術

太極跤

彩色圖解太極武術

養生保健 古今養生保健法 強身健體增加身體免疫力

 醫療養生氣功
 中國氣功圖譜
 少林醫療氣功精粹
 龍形實用氣功
 魚戲增視強身氣功
 道家玄牝氣功
 仙家祕傳袪病功

 少林十大健身功
 中國自控氣功
 醫療防癌氣功
 醫療強身氣功
 醫療點穴氣功
 中國八卦如意功
 正宗馬禮堂養氣功

 道家筋經內丹功
 三元開慧功
 防癌治癌新氣功
 禪定與佛家氣功修煉
 顛倒之術
 簡明氣功辭典
 八卦三合功

 朱砂掌健身養生功
 抗老功
 意氣按穴排濁自療法
 健身袪病小功法
 張氏太極混元功
 中國少林禪密功
 郭林新氣功

 太極
 現代原始氣功
 開脈太極
 養生氣功
 太極內功養生法
 無極養生氣功
 小周天健康法

 易筋經
 洗髓經
 精功易筋經
 武當門七心活氣功
 健身法
 養生導引術
 武當道教養生長壽功

 太極拳內功養生心法
 意拳
 靜坐要訣
 啟動自癒力
 洗髓經
 實拍打功

健康加油站

   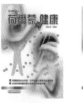

歡迎至本公司購買書籍

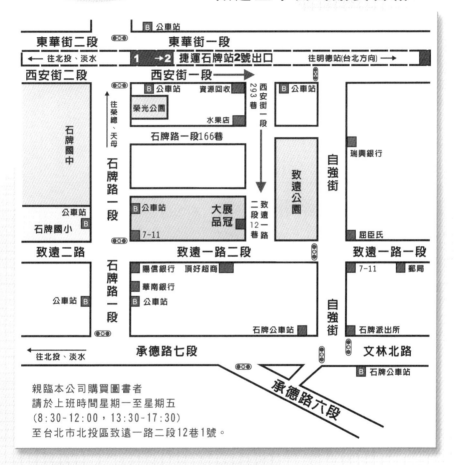

親臨本公司購買圖書者
請於上班時間星期一至星期五
(8:30-12:00、13:30-17:30)
至台北市北投區致遠一路二段12巷1號。

建議路線

1.搭乘捷運
　　淡水信義線石牌站下車，由月台上二號出口出站，二號出口出站後靠右邊，沿著捷運高架往台北方向走(往明德站方向)，其街名為西安街，約80公尺後至西安街一段293巷進入(巷口有一公車站牌，站名為自強街口，勿超過紅綠燈)，再步行約200公尺可達本公司，本公司面對致遠公園。

2.自行開車或騎車
　　由承德路接石牌路，看到陽信銀行右轉，此條即為致遠一路二段，在遇到自強街(紅綠燈)前的巷子左轉，即可看到本公司招牌。

國家圖書館出版品預行編目資料

車氏樊系形意拳／王銀輝　編著
——初版——臺北市，大展，2018〔民107.09〕
面；21公分——（形意大成 拳系列；8）
ISBN 978-986-346-222-4　（平裝；附數位影音光碟）
1. 拳術 2. 中國
528.972　　　　　　　　　　　　　10711117

車氏樊系形意拳 附DVD

著　　者／王　銀　輝
責任編輯／王　躍　平
發 行 人／蔡　森　明
出 版 者／大展出版社有限公司
社　　址／台北市北投區（石牌）致遠一路2段12巷1號
電　　話／(02) 28236031・28236033・28233123
傳　　真／(02) 28272069
郵政劃撥／01669551
網　　址／www.dah-jaan.com.tw
E-mail／service@dah-jaan.com.tw
登 記 證／局版臺業字第2171號
承 印 者／傳興印刷有限公司
裝　　訂／眾友企業公司
排 版 者／千兵企業有限公司
授 權 者／山西科學技術出版社
初版1刷／2018年（民107）9月

定　價／400元

大展好書　好書大展
品嘗好書　冠群可期